Michaela Engelhardt/Christa Troll/Friedrich Rieß

Hauswirtschaft an Stationen

Übungsmaterial zu den Kernthemen des Lehrplans

8

Auer Verlag

Die Internetadressen, die in diesem Werk angegeben sind, wurden vom Verlag sorgfältig geprüft (Redaktionsschluss 31. Mai 2011). Da wir auf die externen Seiten weder inhaltliche noch gestalterische Einflussmöglichkeiten haben, können wir nicht garantieren, dass die Inhalte zu einem späteren Zeitpunkt noch dieselben sind wie zum Zeitpunkt der Drucklegung. Der Auer Verlag übernimmt deshalb keine Gewähr für die Aktualität und den Inhalt dieser Internetseiten oder solcher, die mit ihnen verlinkt sind, und schließt jegliche Haftung aus.

Hinweisen an info@auer-verlag.de auf veränderte Inhalte verlinkter Seiten werden wir selbstverständlich nachgehen.

Gedruckt auf umweltbewusst gefertigtem, chlorfrei gebleichtem
und alterungsbeständigem Papier.

1. Auflage 2011
Nach den seit 2006 amtlich gültigen Regelungen der Rechtschreibung

Umschlagfotos: Fotolia
Fotos: Friedrich Rieß
Satz: Fotosatz H. Buck, Kumhausen
Druck und Bindung: Aubele Druck GmbH, Bobingen
ISBN 978-3-403-**06787**-0

www.auer-verlag.de

Inhaltsverzeichnis

Vorwort

Stationenarbeit – eine Organisationsform des offenen Unterrichts

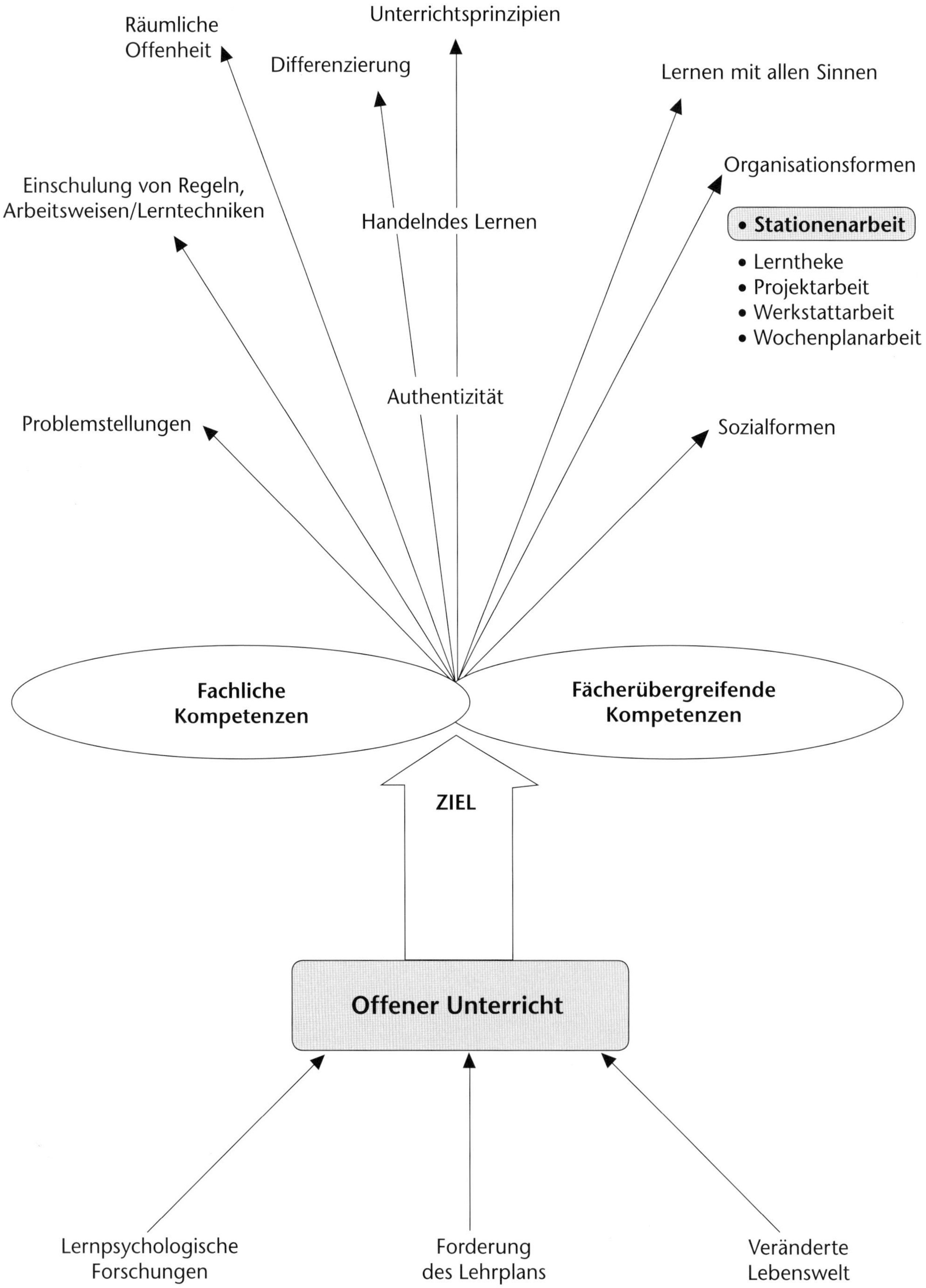

Aufbau der einzelnen Stationen

In diesem Buch finden Sie Stationen zum Grundwissen der 8. Jahrgangsstufe im Fach Soziales/Hauswirtschaft. Materialien zur Berufsorientierung im sozialen Bereich beinhalten auch eine projektorientierte Prüfung mit dem Thema: Berufsmesse mit Fingerfood-Buffet.
Die verschiedenen Themen der Stationenläufe basieren auf dem Lehrplan der Hauptschule, können aber ohne Weiteres auch in der Förderschule eingesetzt werden.

Jeder Stationenlauf beginnt mit einer **Übersichtsseite** für die Lehrkraft. Hier sind wichtige Aspekte wie Medien, Einkaufszettel, Organisationshinweise sowie mögliche Kompetenzen aufgeführt.
Weiter folgen dann zu den Themen mehrere **Stationen** (teilweise aufeinander aufbauend oder auch unabhängig voneinander), welche die Lehrkraft in der Anzahl und in ihrer Funktion (Wahl- oder Pflichtstationen) festlegen kann.
Jedes Thema beinhaltet neben den Stationen ein **Arbeits**- und oft ein **Rezeptblatt**, das aber auch durch ein anderes Rezept ausgetauscht werden kann.

Besonderheiten

Jeder Stationenlauf ist so konzipiert, dass fast alle Stationen unabhängig voneinander durchgeführt werden können, d. h. jede Lehrkraft hat die Möglichkeit, die Stationen auch als Gruppenarbeit (arbeitsgleich oder arbeitsteilig) in ihrem Unterricht durchzuführen.

Stationen, für deren Bearbeitung ein Computer benötigt wird, sind in der Kopfzeile mit diesem Symbol  gekennzeichnet.

Viele Stationen sind so konzipiert, dass sich der Schüler[1] durch entsprechende Kontrollkärtchen (grau hinterlegte Bausteine) selbst kontrollieren kann. Hierdurch werden Selbstverantwortung, Motivation und Verantwortungsbewusstsein geschult.

Tipps zur Herstellung der Medien

Es empfiehlt sich zur besseren Haltbarkeit der Medien, diese zu laminieren.
Bei Stationen, die mehrere Teile (z. B. Texte, Zuordnungskärtchen usw.) enthalten, ist es besonders förderlich, diese Teile in einem Umschlag oder einer Box aufzubewahren. So gehen keine Teile verloren.

Um den Aufforderungscharakter für die Schüler zu erhöhen, ist es sinnvoll, die Stationen auf farbiges Papier (evtl. Tonpapier) zu kopieren. Bei manchen Medien gibt es hierfür Farbempfehlungen.

Bei der Erstellung der Medien gilt im gesamten Buch:

– – – – = Schneidelinie

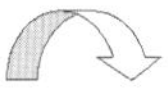 = Faltlinienrichtung

1 Wenn in diesem Buch von Schüler gesprochen wird, ist immer auch die Schülerin gemeint. Ebenso verhält es sich mit Lehrer und Lehrerin.

Laufzettel

Thema: ________________________

Name: ____________________

Pflichtstationen

Station ☐

____
____
____

☐ erledigt ☐ kontrolliert

Station ☐

____
____
____

☐ erledigt ☐ kontrolliert

Station ☐

____
____
____

☐ erledigt ☐ kontrolliert

Station ☐

____
____
____

☐ erledigt ☐ kontrolliert

Station ☐

____
____
____

☐ erledigt ☐ kontrolliert

Station ☐

____
____
____

☐ erledigt ☐ kontrolliert

Wahlstationen

Station ☐

____
____
____

☐ erledigt ☐ kontrolliert

Station ☐

____
____
____

☐ erledigt ☐ kontrolliert

Stationenschilder
Schilder zur besseren Orientierung auf buntes Tonpapier kopieren.
Stationenschilder in der Mitte falten. Nummerierung ergänzen.

Station	Station

Station	Wahlstation

Das Tischdecken

Übersicht:

- **Station „Das Gedeck für ein Mittagessen"**
  Medien: Hosentaschenbüchlein Mittagessen, Essgeschirr, Besteck, kopierte Gedecke für ein Mittagessen, Klebestifte, evtl. Schere, Arbeitsblatt (S. 18)
- **Station: „Das Kaffeegedeck"**
  Medien: Hosentaschenbüchlein Kaffeegedeck, Kaffeegeschirr, Besteck, kopierte Gedecke für ein Kaffeegedeck …
- **Station „Das Vorlegebesteck"**
  Medien: Legesteine Namen, Kontrollkarte, Legefeld Vorlegebesteck, Arbeitsblatt (S. 18)
- **Station „Serviettenfaltung einfach"**
  Medien: Arbeitsblatt (S. 19), Servietten
- **Station „Serviettenfaltung kunstvoll"**
  Medien: Arbeitsblatt (S. 20), Servietten
- **Station „Cool, cooler – Benehmen"**
  Medien: Text, Kontrollkarte, Arbeitsblatt (S. 21)
- **Station „Tischdekoration – (k)ein Muss?!"**
  Medien: Text mit Bildern, Arbeitsblatt (S. 21)

Kompetenzen:

- Das Grundgedeck für einen Mittagstisch kennen und zum Eindecken für ein Gericht nutzen.
- Einfache Serviettenfaltungen kennen und diese beim Tischdecken anwenden.
- Verschiedene Vorlegebestecke kennen und diese für verschiedene Gerichte richtig auswählen.
- Allseits geltende Benimmregeln kennen und diese bei Tisch zeigen, um eine gute Atmosphäre bei Tisch zu schaffen.
- Einfache Möglichkeiten der Tischdekoration kennen und diese beim Decken eines Tisches anwenden.

Organisatorische Hinweise:

Dieser Stationenlauf beinhaltet Stationen für die Sequenz „Freude an einem geschmackvoll gedeckten Tisch". Für die Stationen „Das Gedeck für ein Mittagessen" und „Das Kaffeegedeck" muss ein Hosentaschenbüchlein nach Anleitung angefertigt werden. Es empfiehlt sich, dies bereits vorzubereiten. Sie können zur Differenzierung aber auch die Schüler ihr eigenes Hosentaschenbüchlein basteln lassen.
Sie können die Stationen auf mehrere Unterrichtseinheiten aufteilen, z. B.:

- 1. UE: Motto: Tischdecken einfach – aber gelungen!? (Stationen: Gedeck für ein Mittagessen, Vorlegebesteck, Serviettenfaltung)
- 2. UE: Ein Tisch, an dem man sich wohlfühlen kann! (Stationen: Benehmen, Serviettenfaltung, Tischdekoration)
- 3. UE: Üben/Anwenden/Wiederholen …

Station

Das Gedeck für ein Mittagessen

Alles hat seinen Platz!

Aufgaben:

1. **Lies** das Hosentaschenbüchlein „Das Gedeck für ein Mittagessen" durch.
2. **Decke** mithilfe des Buches ein Mittagsgedeck für dich ein.
3. **Kontrolliere** mithilfe des Gedeckes auf der Vorderseite des Buches.
4. **Klebe** ein Gedeck auf dein Arbeitsblatt (Nummer 1).

Gedecke zum Aufkleben für das Arbeitsblatt

Station

Das Kaffeegedeck

Alles hat seinen Platz!

Aufgaben:

1. **Lies** das Hosentaschenbüchlein „Das Kaffeegedeck" durch.
2. **Decke** mithilfe des Buches ein Kaffeegedeck für dich ein.
3. **Kontrolliere** mithilfe des Gedeckes auf der Vorderseite des Buches.

Lege die Gabel links neben dem Teller.

Lege den Teelöffel oberhalb des Tellers, sodass der Griff nach rechts zeigt.

Stelle das Salatschälchen oberhalb der Gabel.

Stelle das Trinkglas oberhalb des Messers.

Lege die Serviette mittig auf den Teller.

Das Gedeck für einen Mittagstisch.

Stelle den Teller in die Mitte des Gedeckes. Er sollte ca. zwei Fingerbreit von der Tischkante entfernt sein.

Lege das Messer rechts neben den Teller, sodass die Schneide nach innen zeigt.

Das Kaffeegedeck

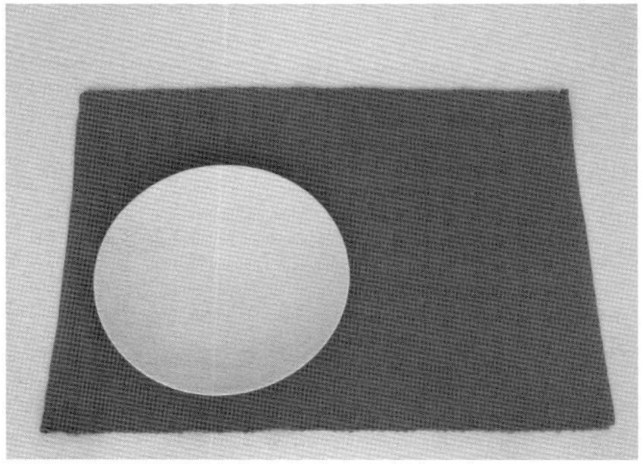

Stelle den Kuchenteller seitlich auf dein Gedeck.

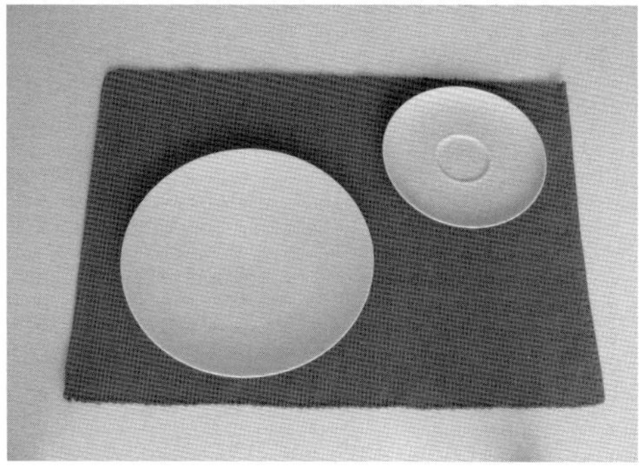

Stelle den Unterteller schräg rechts über den Kuchenteller.

Stelle die Tasse auf den Unterteller. Der Henkel zeigt nach rechts.

Lege den Teelöffel auf den Unterteller. Der Griff ist parallel zum Henkel.

Lege die Kuchengabel rechts neben den Teller.

Falte eine Serviette und lege sie auf den Kuchenteller.

Hosentaschenbüchlein: Anleitung zum Falten eines Hosentaschenbüchleins

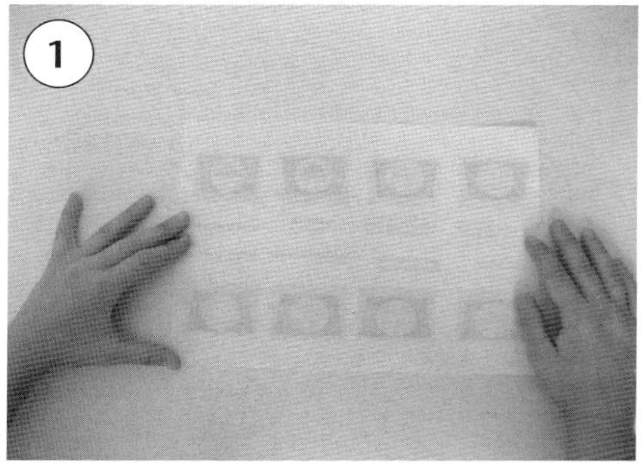	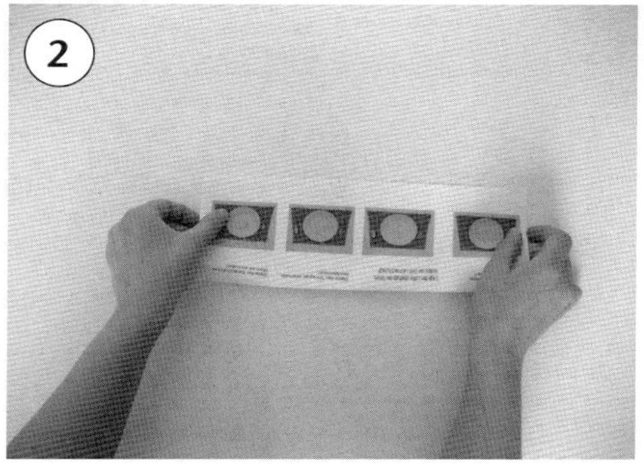	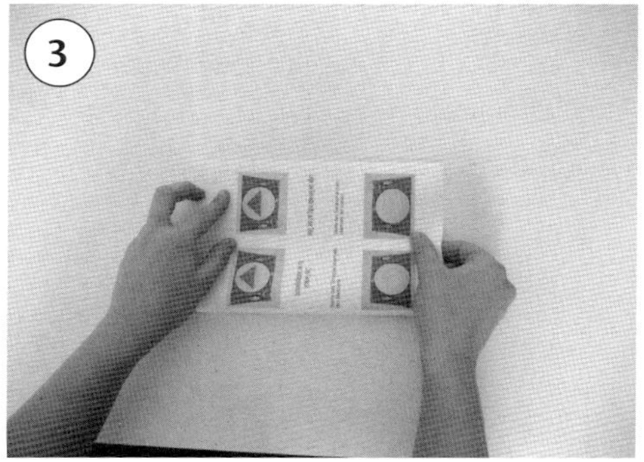	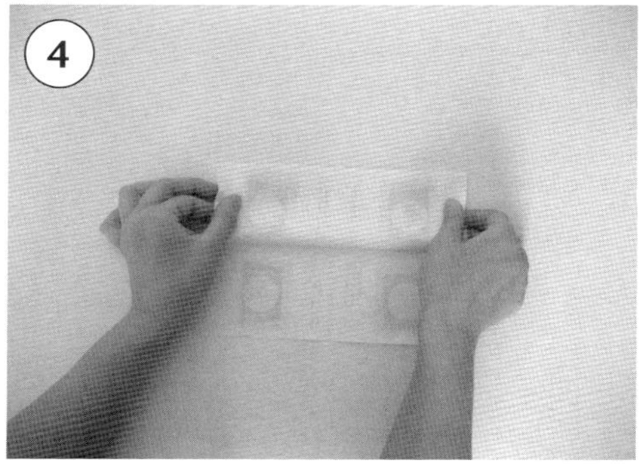
• Lege das Papier quer vor dich hin. • Die bedruckte Seite zeigt zum Tisch.	• Falte ein Buch (der Länge nach). • Öffne die Faltung.	• Lege das Blatt längs vor dich. • Falte ein Buch.	• Die geschlossene Seite zeigt nach oben. • Falte die untere Hälfte zum oberen Bug.
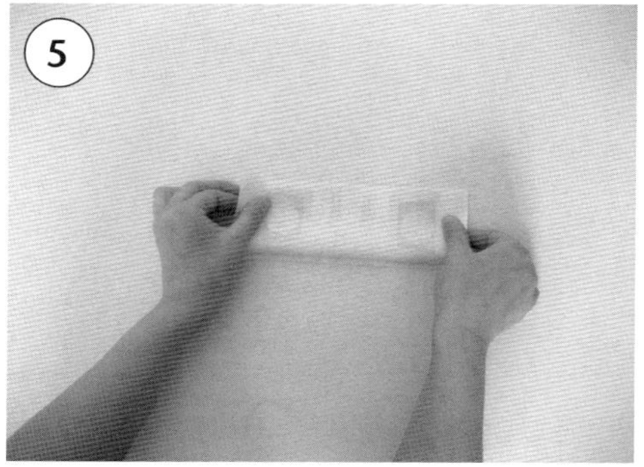	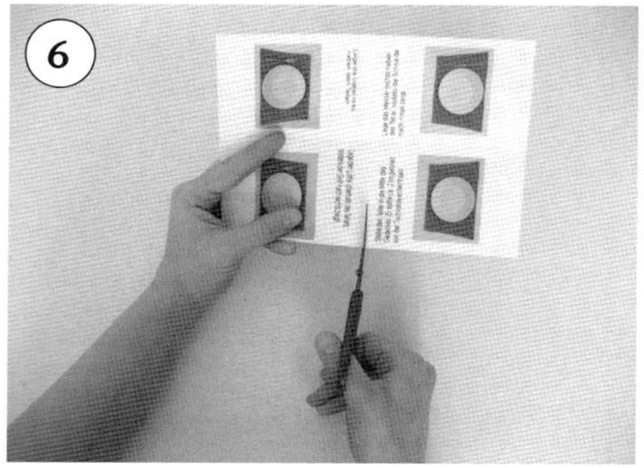	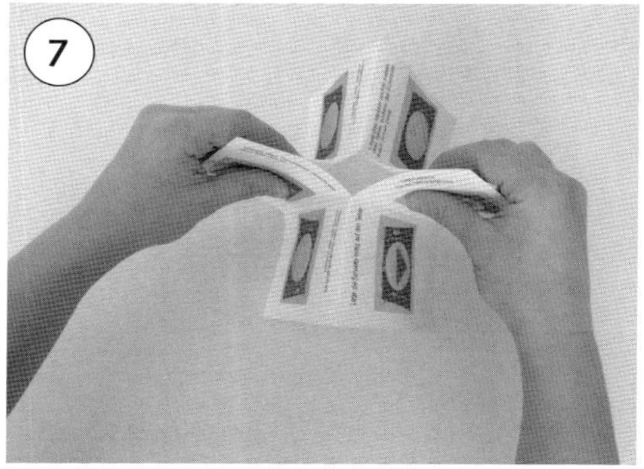	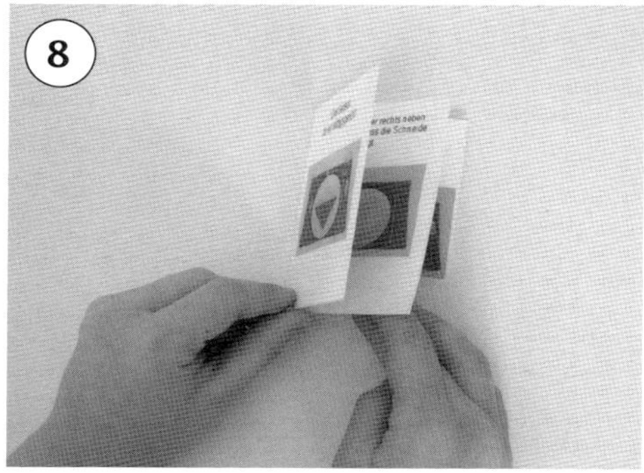
• Drehe die Faltung um und wiederhole den Faltschritt Nr. 4 für die obere Hälfte.	• Falte die Faltung bis zum Buch wieder auf. • Schneide das Buch an der Mittelkante bis zum ersten Bruch auf.	• Bilde eine Bergfalte. Schiebe von außen das Blatt vorsichtig zusammen. • Klappe alle Seiten aufeinander.	So sieht dein Hosentaschenbuch fertig aus!

Station

Das Vorlegebesteck

Für alles das Richtige finden!

Aufgaben:

1. **Betrachte** die Vorlegebestecke auf dem Legefeld genau.
2. **Ordne** die Namen für das Vorlegebesteck den Bildern zu.
3. **Kontrolliere** mit der Kontrollkarte.
4. **Bereite** das richtige Vorlegebesteck für dein Gericht vor.
5. **Vervollständige** dein Arbeitsblatt „Wir decken einen Tisch", Nummer 2.

Legesteine
Legesteine kopieren und laminieren. Damit man die einzelnen Steine nicht verliert, ist es ratsam, sie in einem Umschlag oder einer Schachtel aufzubewahren.

Gemüselöffel	**Spaghetti-löffel/-zange**	**Salatbesteck**	**Fleischgabel**
Soßenschöpfer	**Suppen-schöpfer**	**Tortenheber**	**Gebäckzange**

Kontrollkarte
Tipp: Auf Tonpapier kopieren, damit man auf der Rückseite nicht die Lösung erkennen kann!

Kontrollkarte: Vorlegebesteck

Gemüselöffel

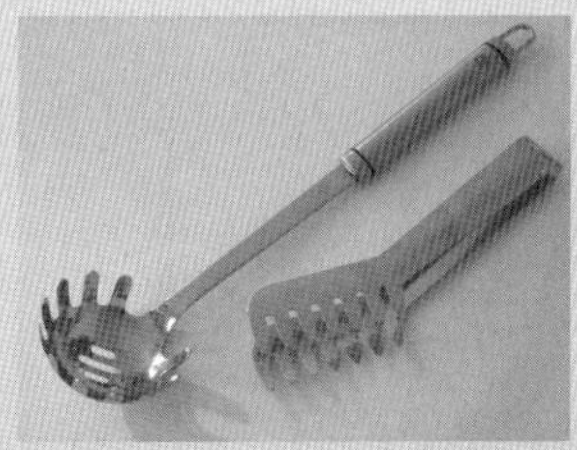

Spaghettilöffel/-zange

Salatbesteck

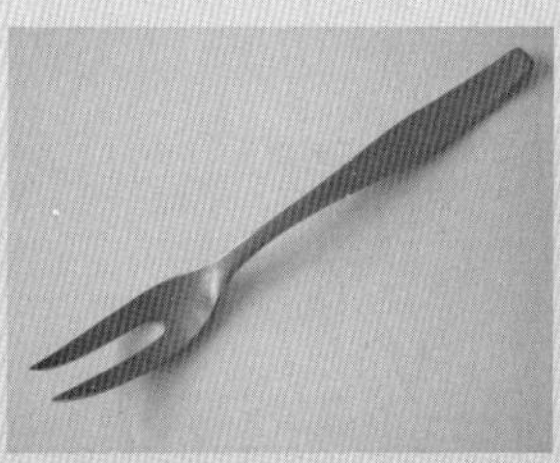

Fleischgabel

Soßenschöpfer

Suppenschöpfer

Tortenheber

Gebäckzange

Legefeld Vorlegebesteck: Legefeld kopieren, ggf. vergrößern und laminieren.

Vorlegebesteck		
Besteck	**Name**	**Beispiele**
		Beilagen, z. B. Reis, Gemüse, Nudeln, Kartoffeln, Aufläufe
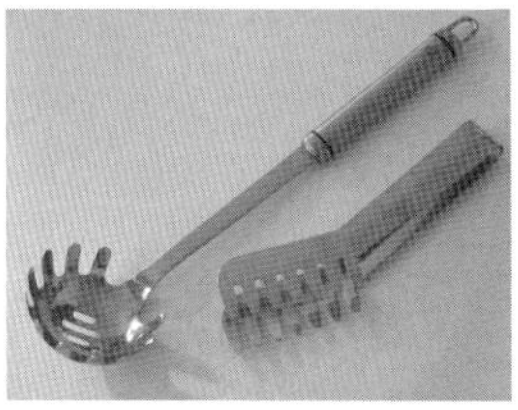		Spaghetti
		Salate aller Art
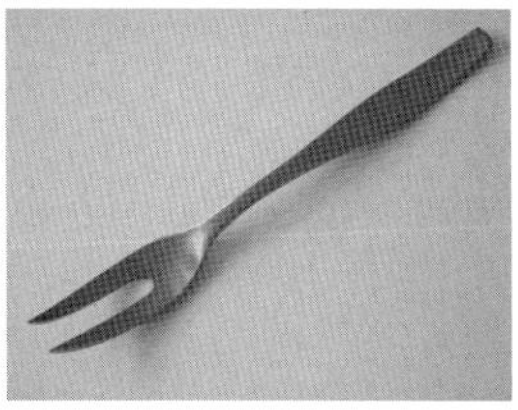		Fleisch, Rouladen, Bratenstücke
		Soßen aller Art
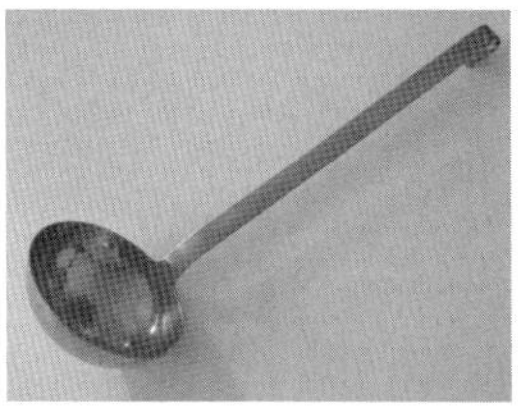		Suppen aller Art, Eintöpfe
		Kuchen, Torten, Toast
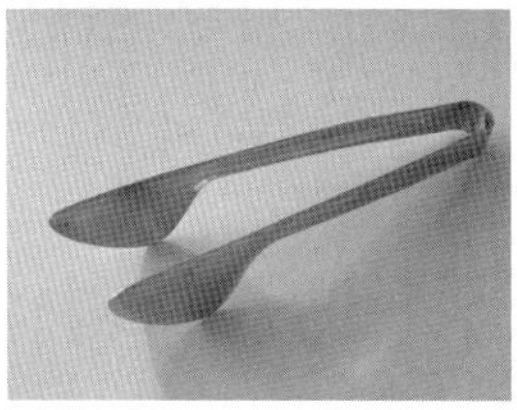		Kleingebäck

Station

Serviettenfaltung einfach

Schritt für Schritt

Aufgaben:

1. **Lies** die Anleitung zum Falten der Serviette auf dem Arbeitsblatt „Wir falten eine Serviette: Standfächer" genau durch.
2. **Falte** deine Serviette nach Anleitung.
3. **Lege** die gefaltete Serviette auf deinen Teller.

Station

Serviettenfaltung kunstvoll

Schritt für Schritt

Aufgaben:

1. **Lies** die Anleitung zum Falten der Serviette auf dem Arbeitsblatt „Wir falten eine Serviette: Artischocke" genau durch.
2. **Falte** deine Serviette nach Anleitung.
3. **Lege** die gefaltete Serviette auf deinen Teller.

Station

Cool, cooler – Benehmen

So fühlen wir uns wohl – auch bei Tisch!

Aufgaben:

1. **Lies** den Text durch.
2. **Formuliere** mithilfe des Textes vier Regeln.
3. **Notiere** die Regeln auf dem Arbeitsblatt „Wir fühlen uns wohl bei Tisch!“.

Benehmen bei Tisch ist COOL

Auch beim Essen wollen wir uns wohlfühlen, um die Speisen genießen zu können.

Deshalb ist es wichtig, sich bei Tisch gut zu benehmen.

Um höflich allen Tischnachbarn gegenüber zu sein, *wartet man mit dem Essen, bis sich jeder von den Speisen bedient hat.* So können alle gemeinsam mit dem Essen beginnen.

Die *gefaltete Serviette dient als Mundtuch*, beim Essen liegt sie aufgefaltet auf dem Schoß. Sie dient zum Abtupfen des Mundes vor dem Trinken.

Allgemeine Regeln sollten stets eingehalten werden, wie z. B. aufrechte Haltung. *Die Handgelenke liegen auf der Tischkante* auf, jedoch nicht die Ellenbogen.

Bestecke, z. B. *Gabel oder Löffel, werden zum Mund geführt, nicht umgekehrt*, so erreicht jeder eine aufrechte Haltung.

Jeder sollte sich beim Essen wohlfühlen können und nicht durch abstoßende Geräusche gestört werden, deshalb gilt: *Nicht schmatzen, nicht rülpsen!*

Kontrolle: Benehmen bei Tisch ist COOL

- ✓ Mit dem Essen warten, bis sich jeder von den Speisen bedient hat!
- ✓ Die Serviette dient als Mundtuch: Vor dem Trinken Mund abtupfen!
- ✓ Denke an eine aufrechte Sitzhaltung!
- ✓ Führe das Besteck zum Mund!
- ✓ Rülpse oder schmatze beim Essen nicht!

Station

Tischdekoration – (k)ein Muss?!

Dekoration – einfach und preisgünstig!

Aufgaben:

1. **Überlege,** welche Materialien/Gegenstände als Tischdekoration verwendet werden könnten. Die unten abgebildeten Fotos helfen dir dabei.
2. **Notiere** deine Vorschläge auf dem Arbeitsblatt.

Möglichkeiten der Tischdekoration:

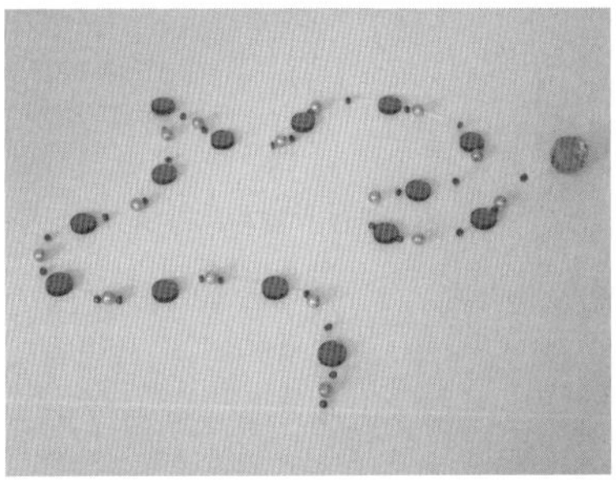

Kontrolle: Tischdekoration – (k)ein Muss?!

Tischdekoration – einfache, aber wirkungsvolle Ideen:

Gedeckte Tische wirken durch einfache Gegenstände ansprechender: Zur Dekoration eigenen sich viele Dinge, z. B.:

- Kerzen
- Streudekorationen
- Servietten
- Serviettenringe
- Blumen
- Menü-/Tischkarten

Arbeitsblatt

Name:

Wir decken einen Tisch

1. Das Gedeck für ein Mittagessen (Hauptgericht):

1. Der **Teller** steht zwei Fingerbreit von der Tischkante entfernt.
2. Das **Messer** liegt **rechts** neben dem Teller, mit der Schneide nach innen.
3. Die **Gabel** liegt **links** neben dem Teller.
4. Der **kleine Löffel** liegt **oberhalb** des Tellers mit dem Griff nach rechts.
5. Das **Glas** steht **oberhalb** des Messers.
6. Das **Salatschälchen** steht **oberhalb** der Gabel.
7. Die **Serviette** liegt auf dem **Teller**.

2. Vorlegebestecke

	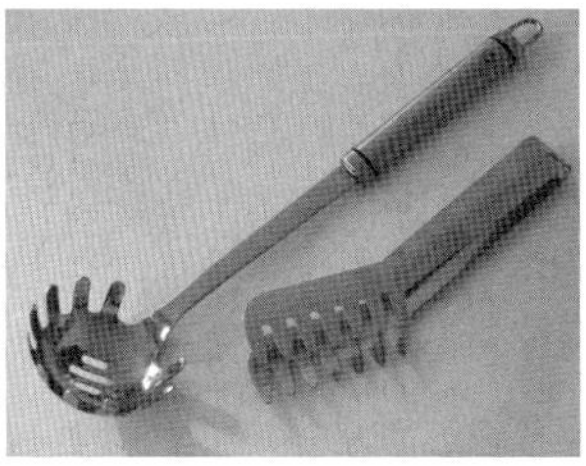		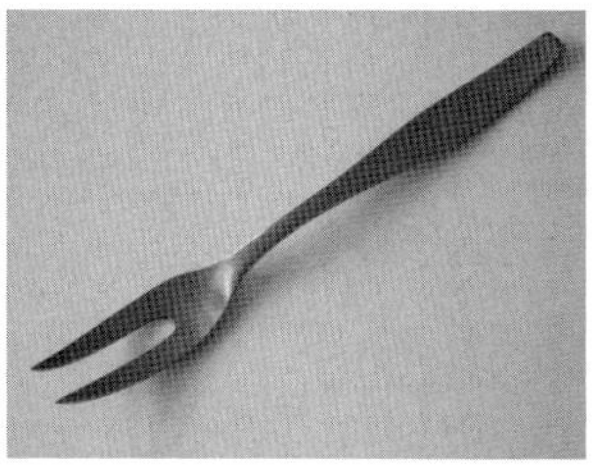

Name: ____________________

Wir falten eine Serviette: Standfächer

Falte die Serviette einmal auseinander.
Die Serviette liegt längs vor dir.

Falte eine Ziehharmonika.
Die Breite der Ziehharmonikafalten sollte ca. fingerdick sein.

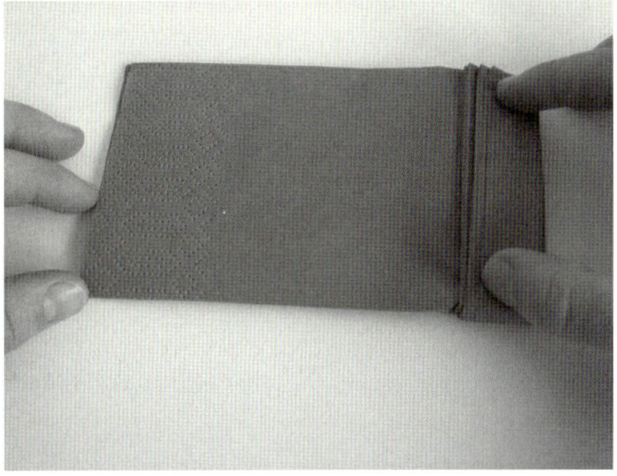

Falte die Ziehharmonika nur bis 1/3 der Serviette. Falte nun das Ganze in der Mitte.

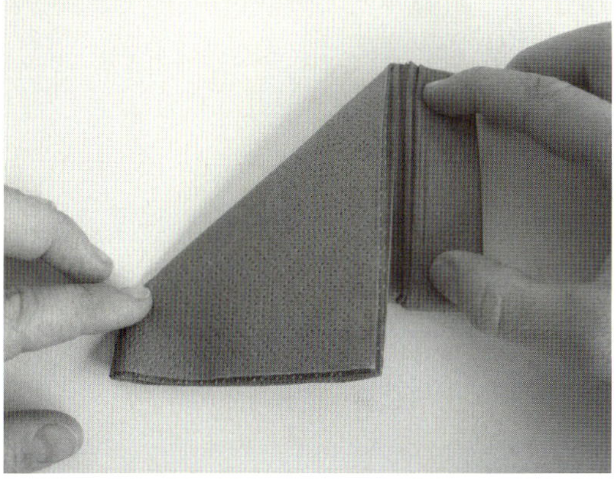

Falte nun mit dem übrig gebliebenen Teil der Serviette ein Dreieck.

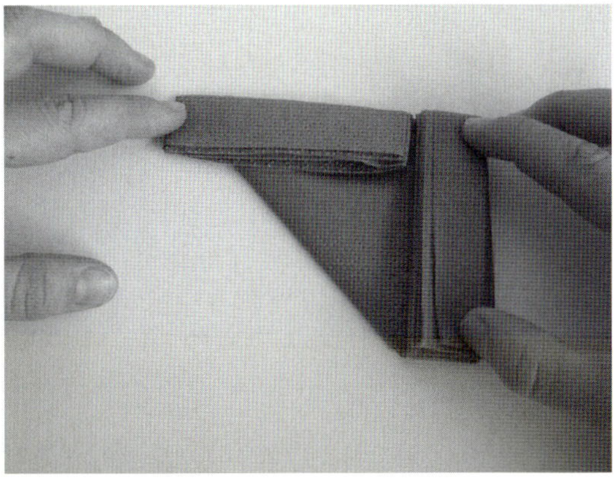

Falte den unteren Rand des Dreiecks so um, dass die Serviette stehen kann.

So sieht deine fertige Serviettenfaltung aus!

Arbeitsblatt

Name: ____________________

Wir falten eine Serviette: Artischocke

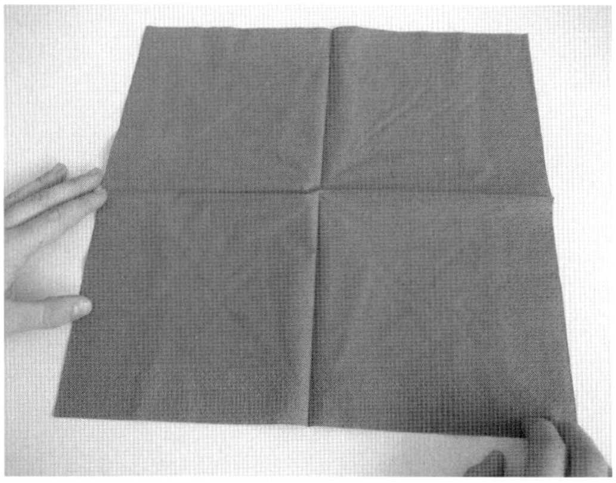 Falte die Serviette ganz auseinander.	 Falte alle Ecken zur Mitte.
 Falte nochmals alle Ecken zur Mitte. Wende die Serviette.	 Falte nochmals alle Ecken zur Mitte.
 Halte den Mittelpunkt mit einer Hand fest. Ziehe mit der anderen Hand die Spitzen von der Rückseite aus heraus. ➔ Es ergeben sich 8 herausgezogene Spitzen.	 So sieht deine fertige Serviettenfaltung aus!

Name: ____________________

Wir fühlen uns wohl bei Tisch!

Auch beim Essen wollen wir uns wohlfühlen, um die Speisen genießen zu können.
Deshalb ist es wichtig, sich bei Tisch gut zu benehmen:

✓ ____

____

✓ ____

____

✓ ____

____

✓ ____

____

✓ ____

____

Tischdekoration – einfache, aber wirkungsvolle Ideen:

Gedeckte Tische wirken durch einfache Gegenstände ansprechender:
Zur Dekoration eigenen sich viele Dinge, z. B.:

- ______________________________
- ______________________________
- ______________________________
- ______________________________
- ______________________________
- ______________________________

Das Anrichten und Garnieren

Übersicht:

- **Station „Das Auge isst mit!"**
  Medien: Text, Arbeitsblatt (S. 28), Kontrollkarte
- **Station: „Anforderungen an die Garnitur"**
  Medien: Text, Arbeitsblatt (S. 28), Kontrollkarte
- **Station „Das Anrichtegeschirr"**
  Medien: Arbeitsblatt (S. 28), Legefeld, Legesteine
- **Station: „Möglichkeiten für die Anordnung einer Garnitur"**
  Medien: Puzzle (vorher ausschneiden), Arbeitsblatt (S. 28)
- **Station: „Der Spritzbeutel"**
  Medien: Infokarte, Arbeitsblätter (S. 29, 30)

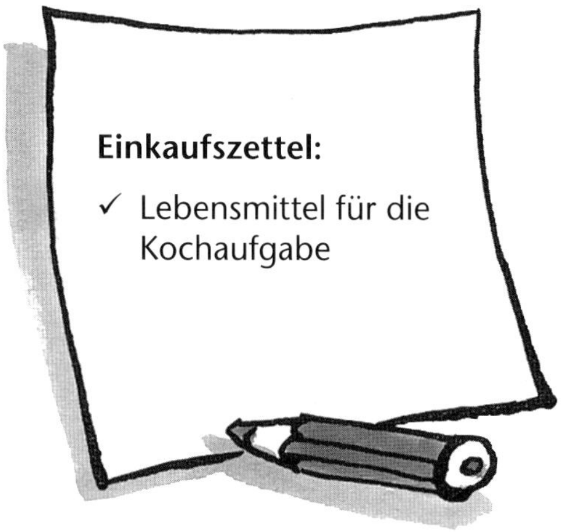

Kompetenzen:

- Anrichten und Garnieren kennen und zum genussvollen Darbieten von zubereiteten Speisen nutzen.
- Den Spritzbeutel kennen und zum Garnieren von Nachspeisen etc. nutzen.

Organisatorische Hinweise:

Zuerst kann die praktische Arbeitsaufgabe des Rezeptblatts „Wir stellen eine Nachspeise her" durchgeführt werden.
Die Creme wird während des Stationenlaufs gekühlt.
Nach dem Stationenlauf kann die Nachspeise angerichtet und garniert werden!

Kontrolle: Das Auge isst mit!

1. **Definition: Anrichten und Garnieren**

   Anrichten: fertig zubereitete Speisen auf dem *Anrichtegeschirr* verteilen.

   Garnieren: angerichtete Speisen mit einem „Hingucker" *verschönern!*

Kontrolle: Anforderungen an die Garnitur

- nicht überladen sein
- essbar sein
- nicht zu teuer sein
- zum Gericht geschmacklich passen

Station

Das Auge isst mit!
Anrichten und Garnieren

Aufgaben:

1. **Lies** den Text durch.
2. **Ergänze** das Arbeitsblatt „Anrichten und Garnieren“ (Nummer 1).
3. **Kontrolliere** mit der Kontrollkarte.

Anrichten und Garnieren von Speisen
Selbst zubereitete Gerichte werden vor dem Verzehr noch dekorativ angerichtet und garniert. Anrichten und Garnieren sind Fachbegriffe in der Küchensprache:

Anrichten:
Unter Anrichten versteht man, dass fertig zubereitete Speisen auf dem Anrichtegeschirr (z. B. Teller, Schüsseln usw.) gekonnt verteilt und zum Servieren fertig gemacht werden.

Garnieren:
Unter Garnieren versteht man, dass man die angerichteten Speisen noch mit zusätzlichen kleinen „Hinguckern“, z. B. Sahnetupfer, Schnittlauchröllchen, Gemüse- oder Obstgarnituren usw., verschönert.

Station

Anforderungen an die Garnitur
Das Tüpfelchen auf dem „i“!

Aufgaben:

1. **Lies** den Text genau.
2. **Formuliere** Anforderungen an die Garnitur und **notiere** sie auf dem Arbeitsblatt „Anrichten und Garnieren“, (Nummer 3).
3. **Kontrolliere** mit der Kontrollkarte.

Anforderungen an die Garnitur!

Nach dem Anrichten der Speisen auf Anrichtegeschirren können diese noch garniert werden, um sie noch appetitlicher zu machen!
Hierbei müssen jedoch einige Dinge beachtet werden:

- Damit am Schluss die Garnitur das zubereitete Gericht unterstreicht, sollte es nicht überladen wirken. Hier gilt: Weniger ist oft mehr!
- Die Garnitur sollte möglichst immer essbar sein, damit man sie mitessen kann.
- Da die Garnitur die Speise nur verschönern und zur Geltung bringen soll, sollte sie nicht zu teuer sein.
- Um den Geschmack des Gerichtes nicht zu verfälschen, sollte die Garnitur zum Gericht passen, z. B. ein Sahnetupfer auf einer Nachspeise.

Station

Das Anrichtegeschirr

Anrichten – aber wo?

Zubereitete Speisen werden vor dem Servieren in schönes Anrichtegeschirr gefüllt. So kann man die Speisen ansprechend zu Tisch bringen.

Aufgaben:

1. **Betrachte** das Anrichtegeschirr auf dem Legefeld genau.
2. **Ordne** dem Anrichtegeschirr und den Beispielen die richtigen Namen zu.
3. **Kontrolliere** mit der Kontrollkarte.
4. **Bereite** das richtige Anrichtegeschirr für dein Gericht vor.
5. **Vervollständige** das Arbeitsblatt „Anrichten und Garnieren" (Nummer 2).

Legesteine
Legesteine kopieren und laminieren. Damit man die einzelnen Steine nicht verliert, ist es ratsam, sie in einem Umschlag aufzubewahren.

Sauciere	**Beilagen-schüssel**	**Nachspeisen-schälchen**	**Kuchenplatte**
Suppenterrine	**Glasschüssel**	**Fleischplatte**	**Silberplatte**

Kontrollkarte
Auf Tonpapier kopieren, damit man nicht auf der Rückseite die Lösung erkennen kann!

Kontrollkarte

Suppenterrine

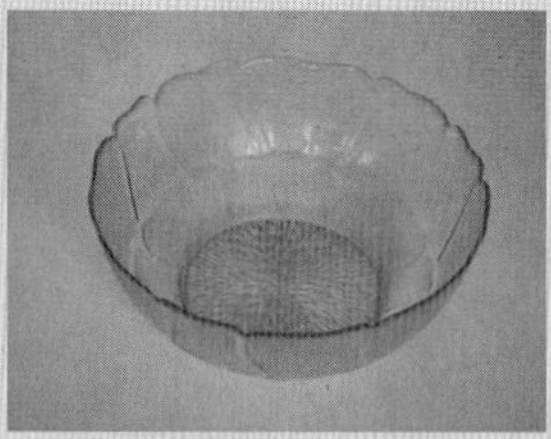
Glasschüssel

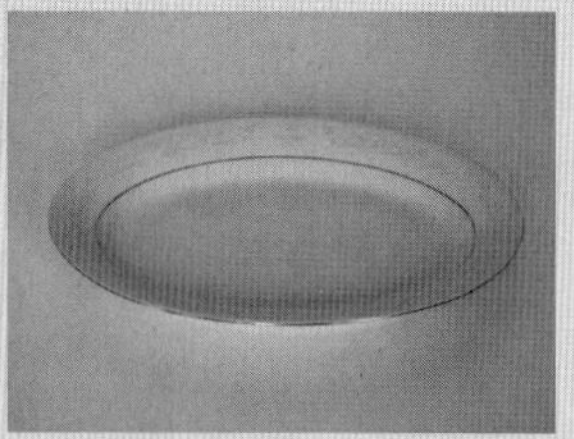
Fleischplatte

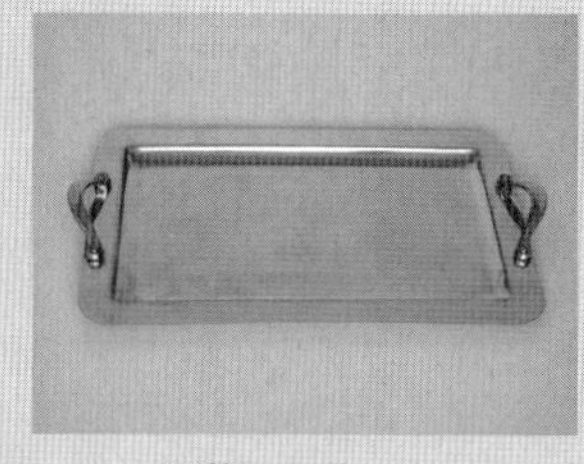
Silberplatte

Sauciere

Beilagenschüssel

Nachspeisenschälchen

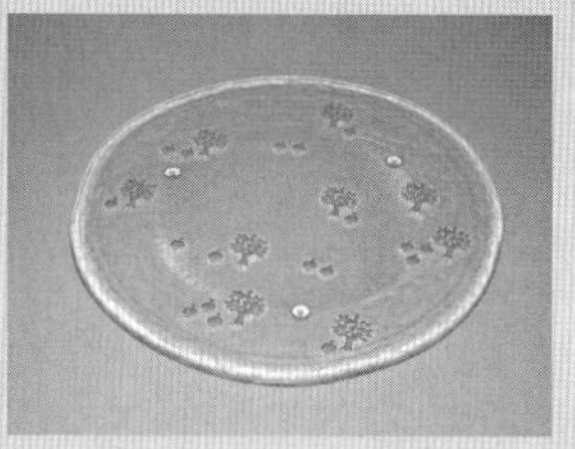
Kuchenplatte

Legefeld Anrichtegeschirr: Legefeld kopieren, ggf. vergrößern und laminieren.

Anrichtegeschirr		
Anrichtegeschirr	**Name**	**Beispiele**
		Beilagen, z. B. Reis, Gemüse, Nudeln, Kartoffeln
		Nachspeisen, Cremes, Obstsalat
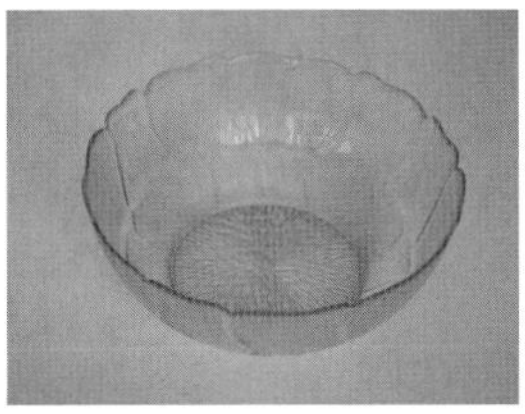		Salate aller Art
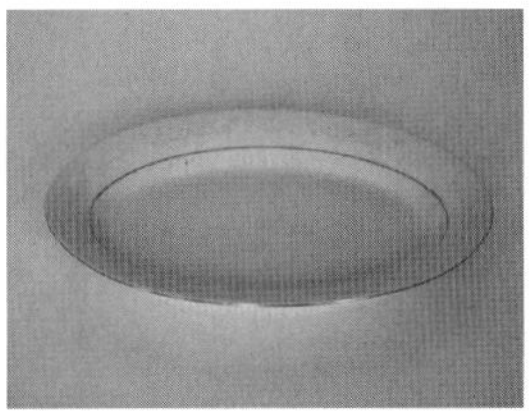		Fleisch, Rouladen, Bratenstücke
		Soßen aller Art
		Suppen aller Art, Eintöpfe
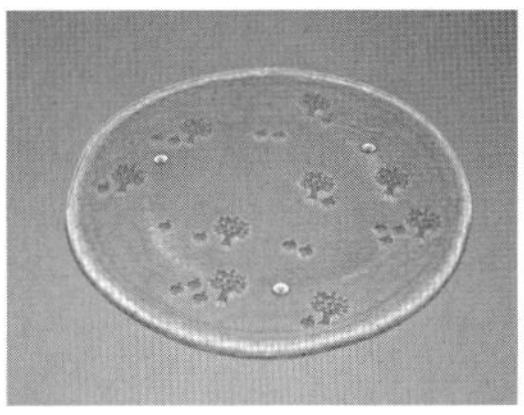		Kuchen, Torten
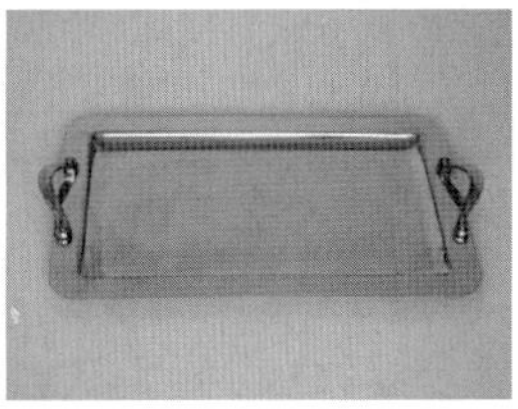		Kleingebäck, Häppchen für kaltes Buffet

Station

Möglichkeiten für die Anordnung einer Garnitur

Die Qual der Wahl!

Aufgaben:

1. **Löse** das Puzzle.
⇨ Es müssen vier Streifen entstehen.

2. **Ergänze** das Arbeitsblatt „Anrichten und Garnieren“ (Nummer 4).

Mittel-garnitur

Die Garnitur wird genau in die Mitte gesetzt, z. B. ein Sahnetupfer mit Frucht.

Seitliche Garnitur

Die Garnitur ist seitlich angebracht, z. B. Frucht in Fächerform.

Rand-ganitur

Der Rand des Anrichtegeschirrs wird betont, z. B. durch viele kleine Sahnetupfer am Rand.

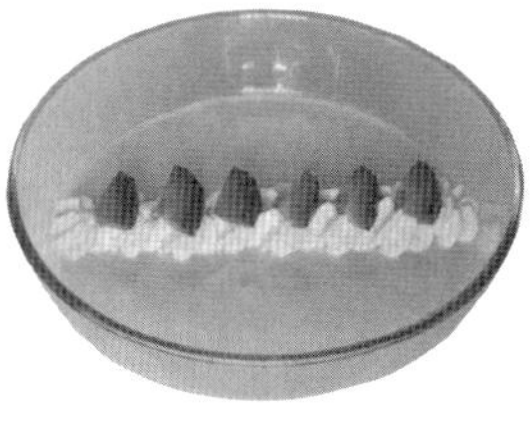

Band-garnitur

Die Garnitur ist ein Band, z. B. aus vielen einzelnen Früchten, Sahnetupfern, …

Station

Der Spritzbeutel

Ein besonderes Werkzeug in der Küche

Aufgaben:

1. **Betrachte** die Bilder mit dem dazugehörigen Text.
2. **Ergänze** das Rezeptblatt und das Arbeitsblatt „Der sachgerechte Umgang mit dem Spritzbeutel"!

Der sachgerechte Umgang mit dem Spritzbeutel

Teile des Spritzbeutels

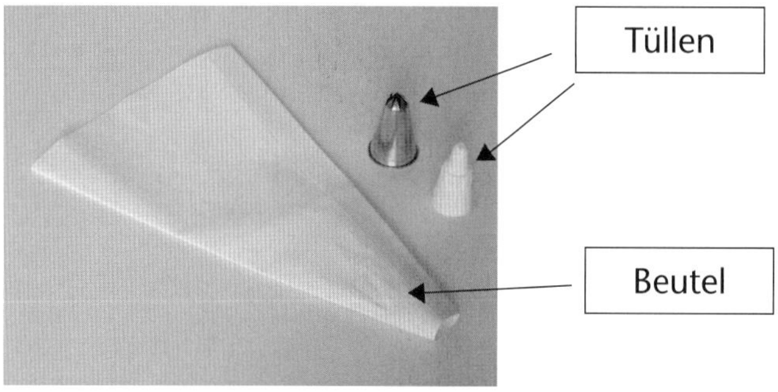

Arbeitsschritte zum sachgerechten Umgang:

1. Spritzbeutel zusammenbauen

2. Lebensmittel einfüllen

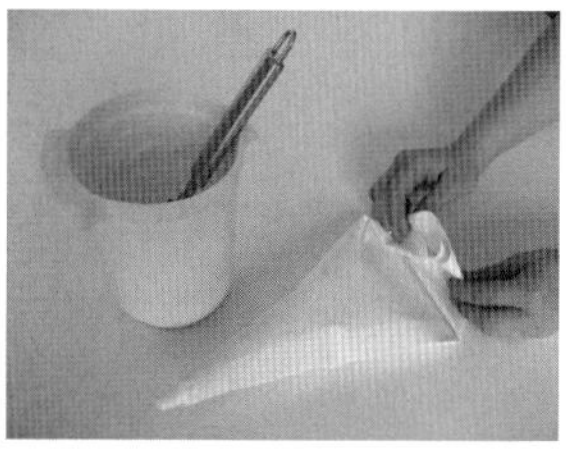

3. Beutel schließen

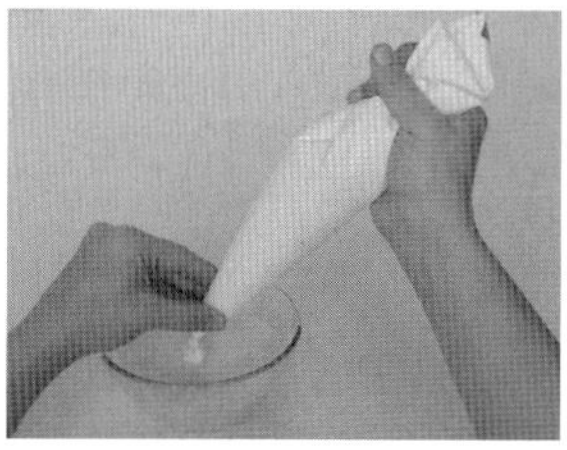

4. Rosetten o. Ä. spritzen

- Spritzbeutel sorgfältig zusammenbauen
- Zum Einfüllen der Lebensmittel den Spritzbeutel knapp umschlagen
- Spritzbeutel beim Spritzen unten an der Tülle halten und nur oben drücken
- Nach Gebrauch Beutel auseinanderbauen und sauber ausspülen, Beutel gut trocknen lassen

- Zum Garnieren von Nachspeisen, Suppen, Torten, Kuchen usw.
- Zum Aufspritzen von Teigen, z. B. Windbeutel, Spritzgebäck

Name: ______________

Anrichten und Garnieren

1. **Definition: Anrichten und Garnieren:**

   Anrichten: fertig zubereitete Speisen auf dem ______________________________ verteilen.

   Garnieren: angerichtete Speisen mit einem „Hingucker" ______________________________!

2. **Das Anrichten der Speisen:**

   Zubereitete Speisen können entweder auf Tellern oder in extra Anrichtegeschirren angerichtet werden, es gibt z. B.:

 ______________ ______________	 ______________ ______________	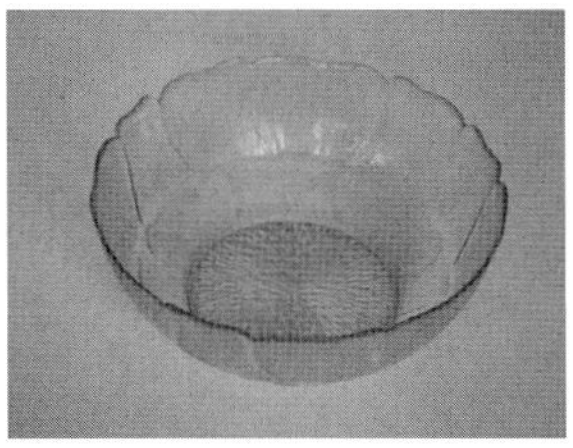 ______________ ______________	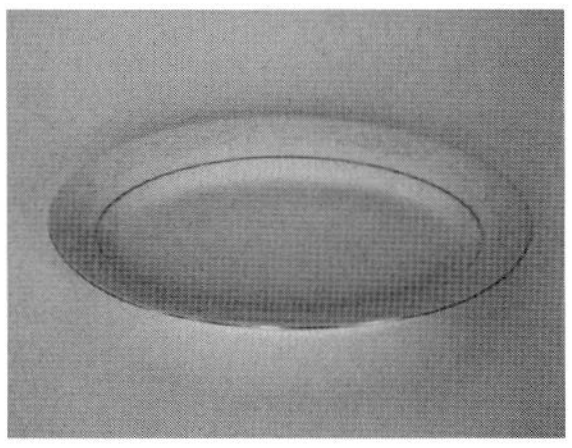 ______________ ______________
 ______________ ______________	 ______________ ______________	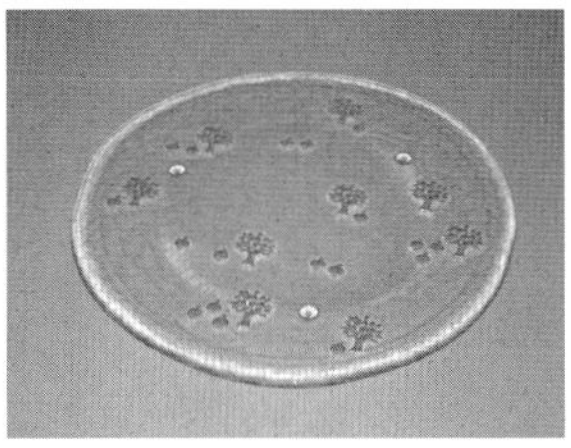 ______________ ______________	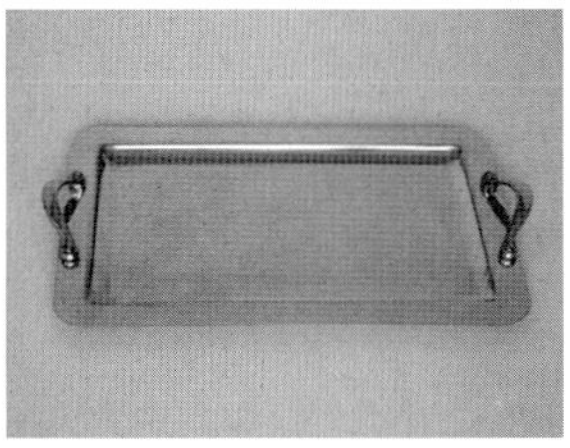 ______________ ______________

3. **Anforderungen an die Garnitur:**

Die Garnitur soll:

- ______________________________
- ______________________________
- ______________________________
- ______________________________

4. **Möglichkeiten der Anordnung der Garnitur**

			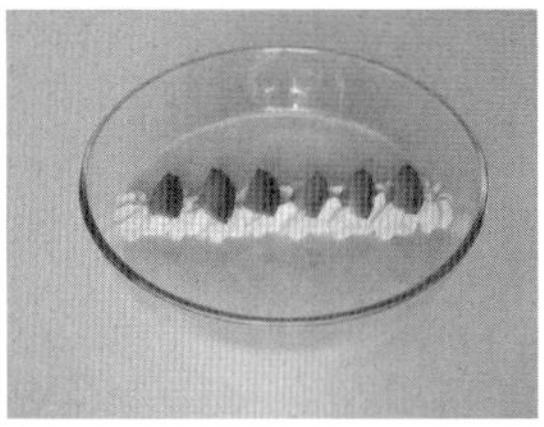

Arbeitsblatt

Name: ____________________

Wir stellen eine Nachspeise her!

Giotto-Becher

Menge	Zutaten	Zubereitung
1 B. 1 B. 1 TL	Quark Pfirsichjoghurt Zucker	1. Quark, Pfirsichjoghurt und Zucker gut verrühren.
1 Stange ½ D. ½ P.	Giotto Pfirsiche Mandelplättchen	2. Giottokugeln vierteln und zur Quarkmasse geben. 3. Pfirsiche in kleine Würfel schneiden und zur Quarkmasse geben. 4. Mandelplättchen zur Quarkmasse geben und alles vorsichtig unterheben.
300 g	Schlagsahne	5. Sahne im Sahnebecher steif schlagen. 6. 2/3 der Sahne zur Quarkmasse geben und diese unterheben. 7. Die verbleibende Sahne in den Spritzbeutel füllen.
		8. Giottocreme in Nachspeisenschälchen füllen.
4 4	Pfirsichspalten Giottokugeln	9. Nachspeise mit einem Sahnetupfer, Pfirsichspalten und einer Giottokugel verzieren.

Der sachgerechte Umgang mit dem Spritzbeutel

1. Spritzbeutel zusammenbauen.

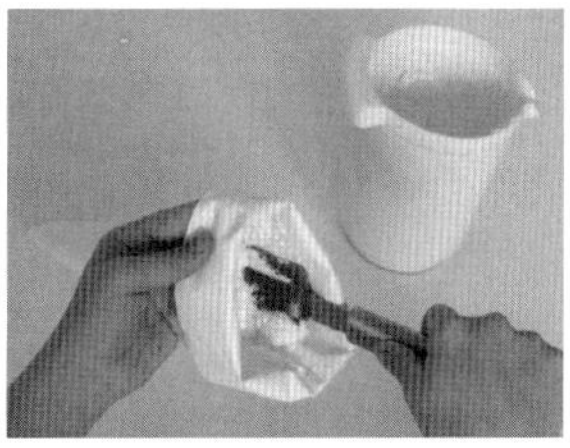

2. Lebensmittel einfüllen.

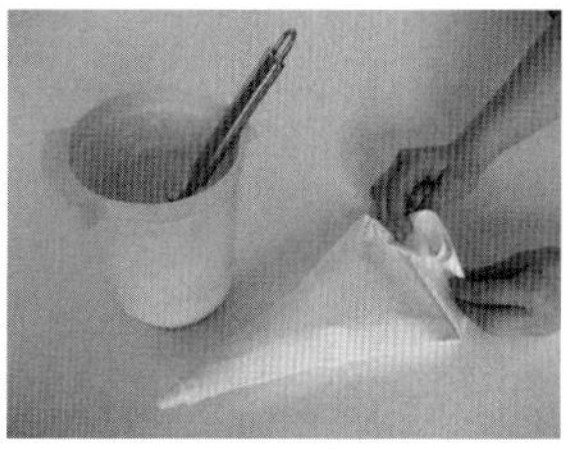

3. Beutel schließen.

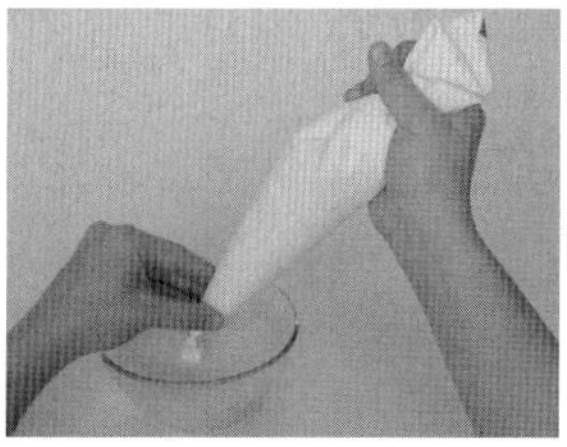

4. Rosetten o. Ä. spritzen.

Verbinde die Tülle mit deren Ergebnis:

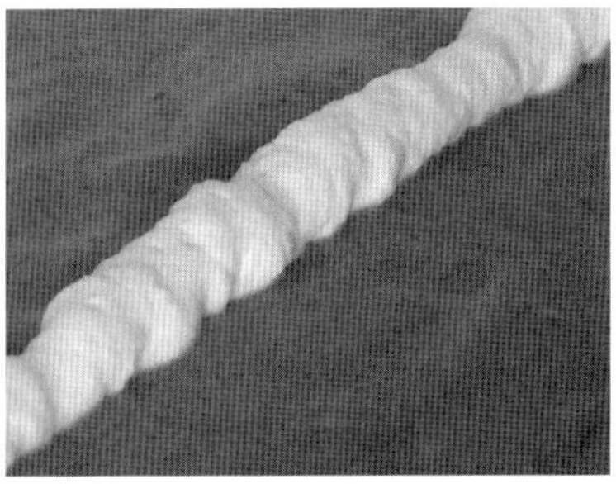

Sterntülle

Lochtülle

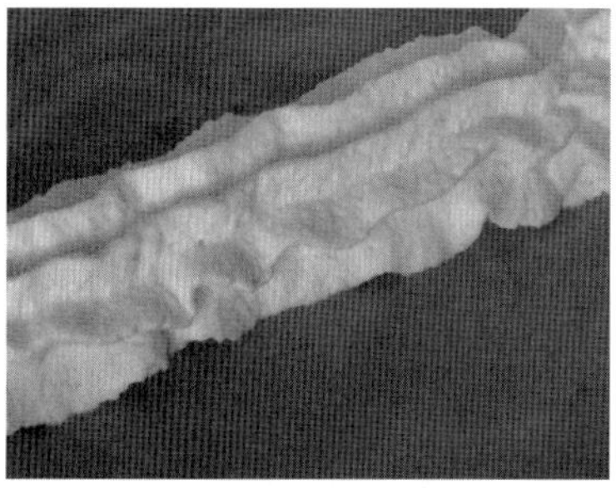

Arbeitsblatt

Name: ____________________

Der sachgerechte Umgang mit dem Spritzbeutel

Ergänze die Regeln!

Tülle muss festsitzen! | Dreieck, Dreieck, Umschlag | … knapp umschlagen.

Spritzbeutel unten halten und nur oben drücken.

Arbeitsschritte	Beachte:
 **1. Spritzbeutel zusammenbauen**	Sitzt die Tülle nicht fest, kann beim Spritzen z. B. Teig neben der Tülle herauskommen. ____________________ ____________________
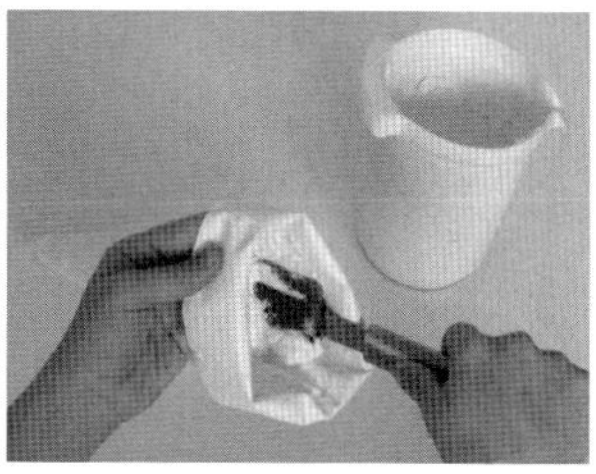 **2. Lebensmittel einfüllen**	Zum erleichterten Halten und Füllen des Spritzbeutels den Beutel … ____________________ ____________________
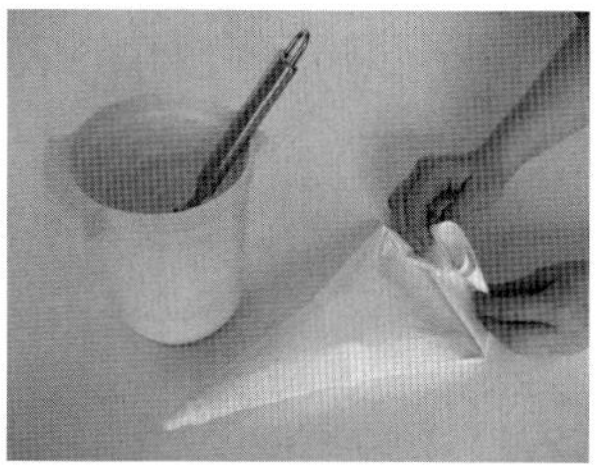 **3. Spritzbeutel schließen**	Teig oder Sahne quillt durch das Drücken leicht heraus, deshalb den Spritzbeutel am oberen Ende schließen: ____________________ ____________________
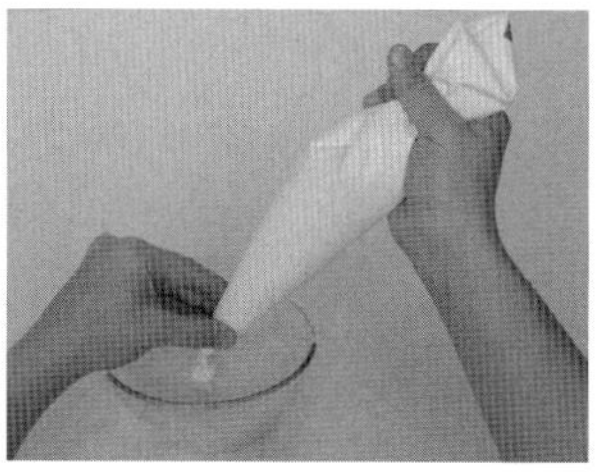 **4. Rosetten spritzen**	Damit das Lebensmittel oben nicht herausquillt, ____________________ ____________________
5. Spritzbeutel reinigen	Nach Gebrauch Spritzbeutel auseinanderbauen und gut spülen. Beutel umgestülpt gut trocknen lassen.

Haltbarmachung durch Einkochen

Übersicht:

- **Station „Haltbarmachung von Lebensmitteln“**
  Medien: Puzzle, Kontrollpuzzle
- **Station „Marmelade – Konfitüre – Gelee“**
  Medien: Arbeitsblatt (S. 41), Gelee, Konfitüre, Marmelade, Schälchen, Teelöffel, Wortkarten (2x), Text, Kontrollkarte
- **Station: „Konfitüre nach eigenen Vorlieben“**
  Medien: Ankeuzkarte, Kontrollkarte, Rezeptblatt (S. 42)
- **Station: „Einkochen von Obst“**
  Medien: Text, Arbeitsblatt (S. 41), Kontrollkarte
- **Station: „Arten von Gelierzucker“**
  Medien: Text, Legefeld, Legesteine, Arbeitsblatt (S. 41)
- **Station: „Gesund – lecker – selbstgemacht!“**
  Medien: Legefeld, Kärtchen
- **Station: „Selbst gemacht – schön gemacht!“**
  Medien: Bild Konfitürenglas, Stoffreste, Schere, Bast, Schleifenreste
- **Station: Herstellen eines Etiketts am PC**
  Medien: PC, Arbeitsanleitung, Druckerpapier, Drucker
- **Station: „Preisvergleich: Wie viel kostet die selbst hergestellte Konfitüre?“**
  Medien: PC, Arbeitsanleitung, Druckerpapier

Kompetenzen:

- Den Unterschied von Marmelade, Konfitüre und Gelee kennen und diese zubereiten.

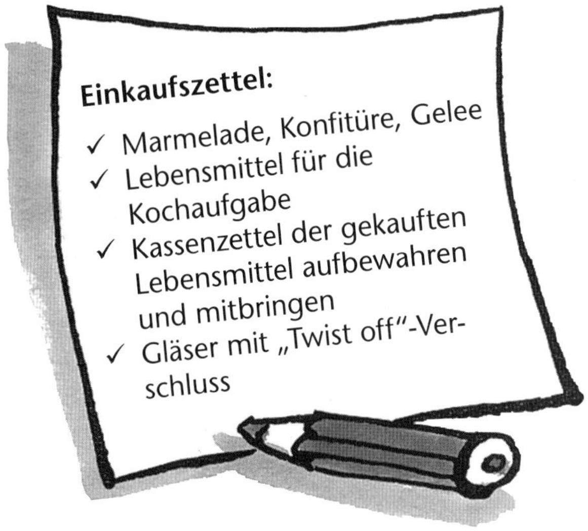

- Das Haltbarmachen von Obst kennen und in der Erntezeit nutzen.
- Den Unterschied von verschiedenen Gelierzuckern kennen und beim Einkochen nutzen.

Organisatorische Hinweise:

- Die Schüler können evtl. in der vorherigen Unterrichtseinheit Obstsorten wählen und diese dann verarbeiten.
- Vielleicht haben einige Schüler die Möglichkeit, Früchte aus dem eigenen Garten mitzubringen.
- Der Stationenlauf sollte bis auf die Beschriftung der Gläser, Verschönerung der Gläser, Preiserrechnung vor dem Einkochen von den Schülern bearbeitet werden.

Station

Haltbarmachung von Lebensmitteln

Welche Möglichkeiten gibt es?

Vor allem im Herbst, bzw. in der Erntezeit gibt es viele Lebensmittel (z. B. Obst, Gemüse, …) die ohne besondere Haltbarmachung nach kurzer Zeit verderben würden.

Ziel der Haltbarmachung ist es, Mikroorganismen (Bakterien, Schimmelpilze) und natürlich vorhandene Enzyme abzutöten und ihre Vermehrung zu verhinden.

Aufgaben:

1. **Setze** das Puzzle zusammen und **lerne** die verschiedenen Haltbarmachungsarten kennen!
2. **Kontrolliere** mithilfe der Kontrollkarte!

Puzzle Haltbarmachung: Puzzle evtl. vergrößern, 2x kopieren (Puzzle, Kontrollkarte), laminieren, Puzzle zerschneiden (---- = Schneidelinie)

Haltbarmachen von Lebensmitteln durch:

Erhitzen

z. B.
- Marmelade/Konfitüre einkochen
- Gemüse/Früchte einkochen
- Entsaften

Kälte

z. B.
- Kühlen von Lebensmitteln
- Tiefgefrieren

Wasserentzug

z. B.
- Trocknen von Obst
- Trocknen von Kräutern/Pilzen

Salzen/Zuckern

z. B.
- Einsalzen von Sauerkraut
- Marmelade mit Zucker einkochen

Säure

z. B.
- Essiggurken einkochen

Chemische Konservierung

z. B.
- Zugabe von Konservierungsstoffen

Station

Marmelade – Konfitüre – Gelee

Was ist der Unterschied?

Aufgaben:

1. **Betrachte und probiere** die verschiedenen süßen Brotaufstriche.
   Beachte: Gib nur einen kleinen Klecks auf deinen Teller.
2. **Ordne** die Wortkarten den Brotaufstrichen zu.
3. **Überprüfe** dein Ergebnis anhand der Beschriftung auf der Unterseite der Gläser.
4. **Lies** den Text durch.
5. **Ergänze** das Arbeitsblatt (Nummer 1).
6. **Kontrolliere** mit der Kontrollkarte!

Marmelade – Konfitüre – Gelee: Was ist der Unterschied?

Im allgemeinen Sprachgebrauch werden süße Brotaufstriche immer mit Marmelade bezeichnet. Es gibt aber große Unterschiede:

- **Marmeladen** sind Brotaufstriche, die aus 100 % Zitrusfrüchten bestehen.
- **Konfitüren** sind Brotaufstriche, die entweder aus einer oder mehreren Früchten bestehen.
- **Gelees** sind Brotaufstriche, die aus Fruchtsäften hergestellt werden.

Kontrolle: Unterschied von Brotaufstrichen:

Marmelade	⇨ wird nur aus *Zitrusfrüchten* hergestellt.
Konfitüre	⇨ wird aus *einer* oder mehreren *Obstsorten* hergestellt.
Gelee	⇨ wird aus *Fruchtsäften* hergestellt.

Wortkarten Marmelade, Konfitüre, Gelee
- Vorlage kopieren und laminieren.
- Marmelade, Konfitüre und Gelee in Schälchen füllen.
- Schälchen auf der Unterseite mit Wortkarten beschriften.

Konfitüre	Marmelade	Gelee
Konfitüre	Marmelade	Gelee

Haltbarmachung durch Einkochen

Station

Konfitüre nach eigenen Vorlieben

Mein eigener Geschmack zählt!

Aufgaben:

1. Konfitüren kann man aus vielen Obstsorten herstellen.
   Kreuze die Zutaten an, aus denen man Konfitüren herstellen kann.
2. **Kontrolliere** mit der Kontrollkarte.
3. **Trage** auf deinem Rezeptblatt drei verschiedene Obstsorten ein.
4. **Wische** die Ankreuzkarte mit einem feuchten Lappen wieder ab.

Zutaten für Konfitüren nach eigenen Vorlieben

☐	Äpfel	☐	Birnen	☐	Erdbeeren
☐	Orangen	☐	Zitronen	☐	Himbeeren
☐	Johannisbeeren	☐	Bananen	☐	Ananas
☐	Kirschen	☐	Kiwi	☐	Mandarinen
☐	Stachelbeeren	☐	Apfelsaft	☐	Heidelbeeren

Kontrolle: Zutaten für Konfitüren nach eigenen Vorlieben

☒	Äpfel	☒	Birnen	☒	Erdbeeren
☐	Orangen	☐	Zitronen	☒	Himbeeren
☒	Johannisbeeren	☒	Bananen	☒	Ananas
☒	Kirschen	☒	Kiwi	☐	Mandarinen
☒	Stachelbeeren	☐	Apfelsaft	☒	Heidelbeeren

Station

Einkochen von Obst
Tipps und Tricks

Aufgaben:

1. **Lies** den Text durch.
2. **Verbinde** auf dem Arbeitsblatt Zusammengehöriges (Nummer 3).
3. **Kontrolliere** mit der Kontrollkarte.

Einkochen von Obst – Tipps und Tricks

Damit der gewünschte süße Brotaufstrich auch schmeckt und lange haltbar ist, müssen bei der Zubereitung einige Dinge beachtet werden:

- Verwende nur einwandfreie Früchte, sonst könnten im fertigen Produkt evtl. Spuren von Schimmelpilzen oder Krankheitserregern enthalten sein.
- Bevorzuge Früchte aus dem eigenen Garten oder achte beim Einkauf auf regionale Waren. Eigene Früchte sind frei von Spritzmitteln, regionale Waren schützen die Umwelt aufgrund der kurzen Anfahrtswege.
- Überlege beim Kauf des Geliermittels, wie sich das Verhältnis von Obst und Geliermittel verhält, damit der Brotaufstich einwandfrei geliert.
- Verwende bei der Zubereitung einen hohen Topf, da die Masse aufkocht und leicht überkochen kann.
- Beim Einkochen beginnt die Garzeit erst, wenn die Masse kocht.
- Bei der Marmeladen- bzw. Konfitürenherstellung immer eine Gelierprobe machen, um sicher zu sein, dass der Brotaufstrich auch fest wird.

Kontrolle: Einkochen von Obst – Tipps und Tricks

Verwende einwandfreie Früchte,	das Verhältnis von Früchten und Geliermittel, damit die fertige Konfitüre auch geliert.
Bevorzuge Früchte aus dem eigenen Garten oder regionale Produkte,	um ein Produkt herstellen zu können, welches keine Schimmelpilzsporen, Krankheitserreger usw. enthält.
Achte beim Kauf des Gelierzuckers auf	da diese frei von Spritzmitteln sind und die Transportwege kurz sind.
Verwende bei der Zubereitung einen hohen Topf,	die Gelierprobe machen!
Die Garzeit beginnt,	damit die Masse nicht so leicht überkochen kann.
Beim Einkochen immer	wenn die Masse kocht.

Arten von Gelierzucker

Ein besonderer Zucker!

Aufgaben:

1. **Lies** den Text durch.
2. **Betrachte** die Bilder der verschiedenen Gelierzucker genau.
3. **Ordne** die Namen bzw. das Verhältnis von Frucht und Zucker richtig zu.
4. **Kontrolliere** mit der Kontrollkarte.
5. **Ergänze** das Arbeitsblatt (Nummer 2).

Gelierzucker – ein besonderer Zucker!

In der Erntezeit gibt es oft viel reifes Obst! Um das Obst haltbar machen zu können, kann man es z. B. zu Marmelade oder Konfitüre einkochen.

Damit die Konfitüre fest wird (= geliert), muss man zum Einkochen **Gelierzucker** verwenden.

Außerdem konserviert der Zucker das Obst und macht es so lange haltbar. Gelierzucker ist ein spezieller Zucker, dem Fruchtpektine und Zitronensäure zugesetzt sind.
Der Gelierzucker muss immer im richtigen Verhältnis von Frucht und Zucker zugegeben werden. Es gibt verschiedene Sorten von Gelierzuckern mit unterschiedlichen Mischverhältnissen.

Legesteine Gelierzucker
Legesteine kopieren und laminieren. Damit man die einzelnen Steine nicht verliert, ist es ratsam, sie in einen Umschlag zu geben.

1:1 1 Teil Frucht 1 Teil Zucker	1000 g Früchte 1000 g Zucker	⇨ sehr zuckerhaltig ⇨ sehr süß ⇨ sehr lange haltbar
2:1 2 Teile Frucht 1 Teil Zucker	1000 g Früchte 500 g Zucker	⇨ zuckerhaltig ⇨ gut süß ⇨ lange haltbar
3:1 3 Teile Frucht 1 Teil Zucker	1500 g Früchte 500 g Zucker	⇨ wenig zuckerhaltig ⇨ süß ⇨ weniger lange haltbar

Legefeld Gelierzucker: Legefeld kopieren, ggf. vergrößern und laminieren.

Arten von Gelierzucker			
Gelierzucker	Verhältnis	Benötigte Mengen	Beurteilung
 1:1			
 2:1			
 3:1			

Kontrolle: Arten von Gelierzucker			
Gelierzucker	Verhältnis	Benötigte Mengen	Beurteilung
	**1:1** 1 Teil Frucht 1 Teil Zucker	1000 g Früchte 1000 g Zucker	⇨ sehr zuckerhaltig ⇨ sehr süß ⇨ sehr lange haltbar
	**2:1** 2 Teile Frucht 1 Teil Zucker	1000 g Früchte 500 g Zucker	⇨ zuckerhaltig ⇨ gut süß ⇨ lange haltbar
	**3:1** 3 Teile Frucht 1 Teil Zucker	1500 g Früchte 500 g Zucker	⇨ wenig zuckerhaltig ⇨ süß ⇨ weniger lange haltbar

Kontrolle: Unterschiede von Gelierzuckern:

Verhältnis: *1:1*	Verhältnis: *2:1*	Verhältnis: *3:1*
1000 g Frucht *1000* g Gelierzucker	*1000* g Frucht *500* g Gelierzucker	*1500* g Frucht *500* g Gelierzucker

Station

Gesund – lecker – selbst gemacht!

Selbst hergestellte Marmelade/Konfitüre bringt Vorteile

Aufgaben:

1. **Lies** dir die Vorteile einer selbst gemachten Marmelade/Konfitüre durch.
2. **Lege** die Erklärungen zum jeweiligen Vorteil hinzu.

Legesteine Gesund – lecker – selbst gemacht!
Legefeld und Legesteine kopieren und laminieren.
Tipp: Damit man die einzelnen Steine nicht verliert, ist es ratsam, sie in einen Umschlag zu geben.

Früchte aus dem eigenen Garten können preisgünstig verarbeitet werden.	Lieblingsfrüchte können nach eigenem Geschmack verarbeitet und kombiniert werden.	Allergiker vertragen manche Inhaltsstoffe nicht.
Individuelle, persönliche Geschenke für Freunde	Chemische Konservierungsstoffe können evtl. Allergien oder Krankheiten auslösen.	Günstige saisonale und regionale Angebote können verarbeitet werden.

Legefeld Gesund – Lecker – Selbstgemacht!

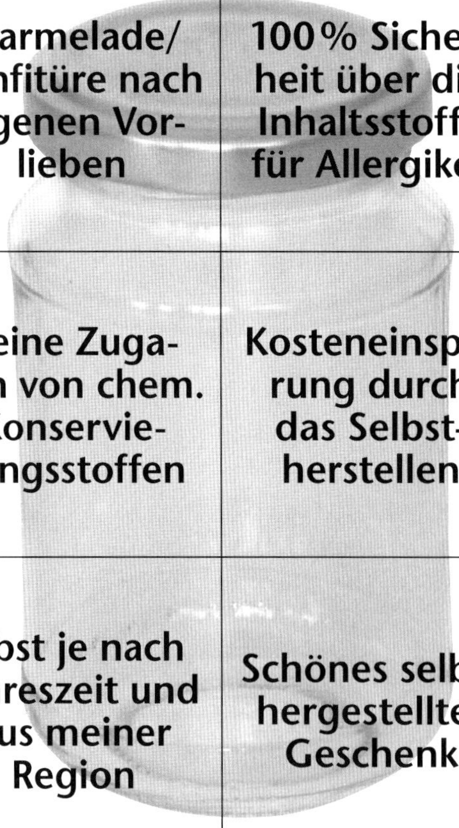

	Marmelade/ Konfitüre nach eigenen Vorlieben	**100 % Sicherheit über die Inhaltsstoffe für Allergiker**	
	Keine Zugaben von chem. Konservierungsstoffen	**Kosteneinsparung durch das Selbstherstellen**	
	Obst je nach Jahreszeit und aus meiner Region	**Schönes selbst hergestelltes Geschenk**	

Station

Selbst gemacht – schön gemacht!
Marmeladen-/Konfitürengläser verzieren

Selbst gemachte Geschenke erfreuen den Beschenkten oft mehr als etwas Gekauftes. Selbst gemachte süße Brotaufstriche sind eine nette Idee für kleine Geschenke. Diese Gläser können dazu etwas verschönert werden.

Aufgabe:

1. **Betrachte** das Foto mit der hübsch verpackten Marmelade.
2. **Versuche** anhand des bereitliegenden Materials, dein Glas zu verschönern.
   Tipp: Schneide dir ein Quadrat aus Stoff zu und binde es mit einer Bastschleife fest.

Station

Herstellen eines Etiketts am PC
Was steckt im Glas?

Jedes Lebensmittel ist im Supermarkt verpackt bzw. für den Verbraucher mit Namen (= Verkehrsbezeichnung) beschriftet, sodass man auf einen Blick erkennen kann, was im Glas steckt.

Ebenso müssen auf der Verpackung immer das Abfülldatum bzw. Haltbarkeitsdatum, der Hersteller und die Zutatenliste angegeben sein.

Darum erstellen auch wir für unser selbst hergestelltes Produkt ein Etikett.

Aufgaben:

1. **Öffne** das Textverarbeitungsprogramm, z. B. Word.
2. **Füge eine Tabelle** mit 3 Spalten und 2–5 Zeilen (je nach Anzahl der benötigten Etiketten) ein.
3. **Tippe** in die erste Zelle den nebenstehenden Text. Ändere die Angaben entsprechend deines Produktes.
4. **Formatiere** den Text:
   a) Wähle Schriftart Arial.
   b) Überschrift: Schriftgröße 15, fett
   c) Unterstreiche das Wort Zutatenliste.
   d) Zentriere den Text.
5. **Kopiere** den Text und füge ihn in die restlichen Zellen ein.
6. **Formatiere** die Tabelle mit Rahmenlinien.

Erdbeerkonfitüre

1.6.2010
abgefüllt von
Sabine Mustermann

Zutatenliste:
Erdbeeren, Gelierzucker,
Zitronensaft

Station

Preisvergleich: Wie viel kostet die selbst hergestellte Konfitüre?

Aufgaben:

1. **Lies** den Kassenzettel durch (Zutaten für 4 Gläser Konfitüre).

2. **Errechne** den Preis für selbst hergestellte Konfitüre.
   a. **Öffne** das Tabellenkalkulationsprogramm, z. B. Excel.
   b. **Schreibe** die Tabellenüberschrift in die Zelle A 1.
   c. **Schreibe** die Teilüberschrift in die Zelle A 3.
   d. **Passe** die Spaltenbreite an.

   <u>Tipp:</u> Gehe mit dem Cursor zwischen die Spalte A und B. Sobald das Symbol erscheint, Doppelklick.

   e. **Schreibe** in die Zelle A 4, A 5 deine Zutaten für die Konfitüre.
   f. **Schreibe** den dazugehörigen Preis in die nebenstehende Zelle.
   g. **Schreibe** in die Zelle A 6: Preis für 4 Gläser.
   h. **Errechne** die Summe der Zutaten:
   Markiere die Preise und klicke auf das Feld Auto Summe.

   i. **Formatiere** die Tabelle.
   j. **Errechne** den Preis für 1 Glas selbst gemachte Konfitüre.
   <u>Tipp:</u> Schreibe in die Zelle A 8: Preis pro Glas.
   Kopiere die Summe der Zutaten in die Zelle B 8.
   Markiere die Zelle.
   Ergänze in der Bearbeitungsleiste die Formel.
   (geteilt: bedeutet ➔/)   *fx* =SUMME(B6:B7)/4
   Der Preis eines Glases wird automatisch errechnet.
   k. **Vergleiche** den Preis deiner selbst gemachten Konfitüre mit der gekauften. (siehe Kassenzettel)

3. Ergänze dein Rezeptblatt.

Arbeitsblatt

Name: ______________________

Süßen Brotaufstrich selbst herstellen: Konfitüre

1. Unterschied von süßen Brotaufstrichen:

Marmelade	⇨ wird nur aus ____________________ hergestellt.
Konfitüre	⇨ wird aus ____________________ oder mehreren ____________________ hergestellt.
Gelee	⇨ wird aus ____________________ hergestellt.

2. Unterschiede von Gelierzucker:

Gelierzucker ist Zucker vermischt mit Fruchtpektin und Zitronensäure.
Je größer das Verhältnis, desto geringer der Zuckerbedarf und die Haltbarkeit.

Verhältnis: ____:____	Verhältnis: ____:____	Verhältnis: ____:____
________g Frucht ________g Gelierzucker	________g Frucht ________g Gelierzucker	________g Frucht ________g Gelierzucker

3. Tipps und Tricks zum Herstellen von Marmelade und Konfitüre:

Verwende einwandfreie Früchte,	das Verhältnis von Früchten und Geliermittel, damit die fertige Konfitüre auch geliert.
Bevorzuge Früchte aus dem eigenen Garten oder regionale Produkte,	um ein Produkt herstellen zu können, welches keine Schimmelpilzsporen, Krankheitserreger usw. enthält.
Achte beim Kauf des Gelierzuckers auf	da diese frei von Spritzmitteln sind und die Transportwege kurz sind.
Verwende bei der Zubereitung einen hohen Topf,	die Gelierprobe machen!
Die Garzeit beginnt,	damit die Masse nicht so leicht überkochen kann.
Beim Einkochen immer	wenn die Masse kocht.

Rezeptblatt

Name: ____________

Wir kochen Konfitüre ein!

Konfitüre (z. B. Erdbeere, Himbeere, Apfel, …)		
Menge	**Zutaten**	**Zubereitung**
4–5	Schraubgläser	1. Gläser vorbereiten: Waschen und auf ein feuchtes Geschirrtuch stellen.
1 kg	Obst	2. Obst vorbereiten (waschen, evtl. entkernen).
	____________	
	____________	3. Obst evtl. klein schneiden.
500 g	Gelierzucker (2:1)	4. Obst in einen hohen Topf geben und mit dem Gelierzucker mischen. **Gelierzucker 2:1 bedeutet:** **2** Teile Obst (= 1 kg Obst) **1** Teil Gelierzucker (= 500 g Zucker) 5. Obst aufkochen lassen, mehrmals umrühren. 6. Masse mit dem Pürierstab fein pürieren. **Garzeit:** ca. 5 Min. leicht kochen lassen. Tipp: Die Garzeit beginnt erst, wenn die Masse kocht. 7. Schaum abschöpfen. 8. Gelierprobe machen. 9. Konfitüre einfüllen, Gläser verschließen und kurz umstülpen, damit sich ein Vakuum bildet. 10. Konfitüre auskühlen lassen und beschriften.

Obstsorten, mit denen Konfitüre hergestellt werden kann:

z. B.

____

____

Preis der selbstgemachten Konfitüre: ____________ €

Preis der gekauften Konfitüre: ____________ €

Industriell hergestellte Lebensmittel im Vergleich

Übersicht:

- **Station „Industrie kontra Natur"**
  Medien: Arbeitsblatt (S. 47)
- **Station „Suppen unter der Lupe"**
- **Station „Wir vergleichen industriell hergestellte mit selbst hergestellten Produkten!"**
  Medien: Produkte, Rezeptblatt (S. 48)
- **Station „Wir bewerten Fertigprodukte"**
  Medien: Bildsteine, Arbeitsblatt (S. 47)
- **Station „Was sind Convenience-Produkte?"**
  Medien: Arbeitsblatt (S. 47)

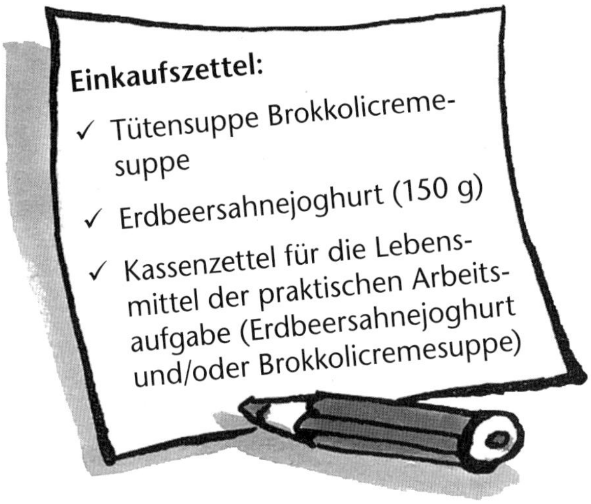

Kompetenzen:

- Die Vor- und Nachteile von industriell hergestellten Lebensmitteln kennen und die eigenen Ernährungsgewohnheiten überdenken.

Organisatorische Hinweise:

Fast alle Stationen sind produktneutral konzipiert, sodass sie auch für andere praktische Arbeitsaufgaben verwendet werden können.

Station

Industrie kontra Natur

So natürlich wie möglich!

Aufgaben:

1. **Lies** den Text durch.
2. **Ergänze** das Arbeitsblatt (Nummer 2 + 3).

Industrie kontra Natur

Sicher, Fertigprodukte erleichtern die Arbeit in der Küche. Kein Schneiden, Gemüseputzen oder langes Braten ist mehr nötig. Wenn das Essen allerdings immer mehr aus der Packung auf dem Teller landet, verlieren Kinder und Jugendliche immer mehr den Bezug zu natürlichen Lebensmitteln. Bei einer Umfrage unter Grundschülern waren zum Beispiel 30 % der Befragten der Meinung, Kühe wären lila.

Fertigprodukte sind in der Regel fettiger, süßer oder salziger als selbst hergestelltes Essen. Dies ist auf Dauer sehr ungesund und führt unter anderem zu Übergewicht. Die vielen Zusatz- und Aromastoffe verfälschen darüber hinaus die Geschmackswahrnehmung. Das geht so weit, dass Kindern natürliche Produkte, wie z. B. Erdbeeren, nicht mehr schmecken, da die Geschmacksexplosion im Mund ausbleibt.
Fertigprodukte sind in der Regel „tote" Produkte. Nach dem Trocknen, Konservieren etc. sind alle Vitamine und Mineralstoffe weitgehend verschwunden.

Daher sollte man nach dem Motto „So natürlich wie möglich!" leben. Ab und zu Fertigprodukte auf dem Speisezettel sind o.k., aber es macht viel mehr Spaß und ist viel gesünder, Gerichte aus natürlichen Zutaten selbst herzustellen. Oft kann man Fertiggerichte auch kreativ „aufpeppen" mit frischen Kräutern oder Gemüse.

Station

Name: ____________________

Suppen unter der Lupe

Ein Blick auf die Zutatenliste verrät vieles!

Aufgaben:

1. **Vergleiche** die Zutatenliste der beiden Suppen! **Zähle**, an welcher Position die Zutaten Fett, Salz und Zucker in beiden Zutatenlisten stehen.
   Tipp: Die Zutaten sind nach ihrer Mengengröße sortiert.
2. **Bewerte** den gesundheitlichen Wert der beiden Suppen!

Blumenkohl-/Brokkolicremesuppe	

Zutatenliste: Brokkoli/Blumenkohl, Kartoffeln, Zwiebeln, Sahne, Salz, Pfeffer	**Zutatenliste:** Fett, Stärke, Mehl, Kartoffeln, Salz, Hefeextrakt, Brokkoli, Milchzucker, Milcheiweiß, Fruchtzucker, Gewürze, Blumenkohl, Aroma

Station

Wir vergleichen industriell hergestellte Produkte mit selbst hergestellten Produkten!

Geschmackstest

Aufgaben:

1. **Berechne** den Preis (Rezeptblatt).
2. **Probiere** das selbst hergestellte und das Fertigprodukt.
3. **Vergleiche** die Produkte.
4. **Bewerte** die Produkte in der Tabelle.
5. Was **merkst** du dir für die Zukunft? **Ergänze** das Arbeitsblatt (Nummer 3).

Bewertung:
4 Punkte = sehr gut
3 Punkte = gut
2 Punkte = befriedigend
1 Punkte = ausreichend
0 Punkte = mangelhaft

Produkte im Vergleich		
Beurteilungskriterien	**Selbst hergestellt**	**Fertigprodukt**
Preis	€	€
Beschaffenheit	Punkte	Punkte
Geschmack	Punkte	Punkte
Gesundheitlicher Wert	Punkte	Punkte
Summe:	**Punkte**	**Punkte**

Industrie hergestellte Lebensmittel im Vergleich

Station

Wir bewerten Fertigprodukte

Je stärker verarbeitet, desto mehr Zusatz- und Aromastoffe!

Aufgaben:

1. **Lies** die Vor- und Nachteile der einzelnen Produktarten durch.
2. **Sortiere** die Fertigprodukte nach ihrem gesundheitlichen Wert.
3. **Ergänze** das Arbeitsblatt (Nummer 2).

Bildsteine „Fertigprodukte"

Streifen „Gesundheitlicher Wert von Fertigprodukten" und Produktstreifen vergrößern, Bildkarten schneiden (–– = Schneidelinie)

Gesundheitlicher Wert von Fertigprodukten

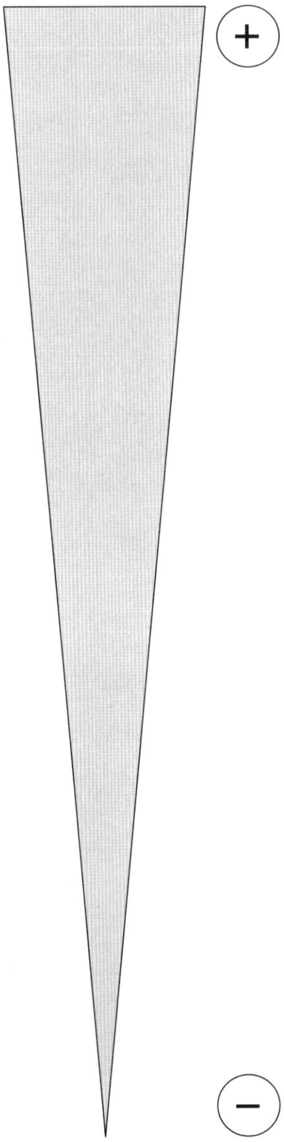

Produkt		
Tiefkühlkost 	☺	• Vitamine und Mineralstoffe bleiben erhalten • Keine Zusatzstoffe nötig • Lange lagerfähig
	☹	• Hoher Energieaufwand
Produkte aus dem Kühlregal 	☺	• Mittlere Haltbarkeit • Frische Produkte • Vitamine und Mineralstoffe bleiben weitgehend erhalten • Wenig Konservierungsstoffe
	☹	• Mittlerer Energieaufwand
Konserven 	☺	• Lange lagerfähig
	☹	• Wenig Vitamine und Mineralstoffe • Viele Zusatzstoffe, z. B. Farbstoffe, Aromastoffe, Geschmacksverstärker, Konservierungsmittel
Instant-Produkte 	☺	• Unbegrenzt haltbar
	☹	• Keine Vitamine und Mineralstoffe • Viele Zusatzstoffe, z. B. Farbstoffe, Aromastoffe, Geschmacksverstärker, Konservierungsmittel • Sehr stark industriell verarbeitet • Hoher Salz-, Fett- und Zuckergehalt

Station

Was sind Convenience-Produkte?

Englisch: convenience = Bequemlichkeit

Aufgaben:

1. **Lies** den Text durch!
2. **Ergänze** das Arbeitsblatt (Nummer 1).

Convenience-Produkte sind Fertigprodukte oder Fertiggerichte. Dazu zählen Konserven, Instant-Produkte (Puddingpulver, Tütensuppen), Tiefkühlkost, Mikrowellen-Gerichte und Backmischungen.

Unterscheidung nach Zubereitungsstufe:
- verzehrfertig, z. B. Käse, Joghurt, Sandwich usw.
- gar- und aufbereitfertig: Produkte, die nur noch erhitzt werden müssen, z. B. Tiefkühlpizza, Doseneintopf, Fischstäbchen
- küchenfertig: Produkte, die in der Küche weiter bearbeitet werden, z. B. Blätterteig, fertig geputztes Gemüse

Unterscheidung nach Art der Konservierung:
- Erhitzen, z. B. sterilisiertes Gemüse in Konservendosen
- Dehydrierung (= Wasserentzug), z. B. Backmischungen, Puddingpulver, Tütensuppen, getrocknete Kräuter
- Kühlen im Kühlregal, z. B. Milchprodukte, Fertigteige
- Tiefkühlen, z. B. Gemüse, Obst, Torten, Pizza, Fischstäbchen

Lösung des Arbeitsblatts:

Arbeitsblatt

Convenience-Produkte: Fertigprodukte und Fertiggerichte

Name:

1. Welche Produkte gibt es? Einteilung nach Zubereitungsstufe

Zubereitungsstufe	Art der Konservierung
• *verzehrfertig* z. B. Joghurt, Käse, Sandwich	• *Erhitzen* z. B. Konservendose
• *gar- und aufbereitfertig* z. B. Tiefkühlpizza, Doseneintopf	• Dehydrieren (= *Wasserentzug*) z. B. getrocknete Kräuter, Tütensuppen
• *küchenfertig* z. B. fertig geputztes Gemüse	• *Kühlen im Kühlregal* z. B. Milchprodukte, Blätterteig
	• *Tiefkühlen* z. B. Tiefkühlpizza, -gemüse

2. Vor- und Nachteile dieser Produkte (z. B. am Beispiel Tütensuppe)

☺	☹
• *kein Gemüseputzen oder -schneiden nötig*	• *keine Vitamine und Mineralstoffe*
• *Zeitersparnis*	• *viele Zusatzstoffe, z. B. Farbstoffe, Aromastoffe, Geschmacksverstärker, Konservierungsmittel*
• *lange Haltbarkeit der Produkte*	• *hoher Salz-, Fett- und Zuckergehalt*
	• *führt zu Übergewicht*
	• *negative Beeinflussung der Geschmacksnerven*

3. Was nehme ich mir für die Zukunft vor?

Nur ab und zu Fertigprodukte essen!
Den gesundheitlichen Wert von Fertigprodukten durch Zugabe von frischen Zutaten erhöhen, z. B. frische Kräuter, Gemüse.

Arbeitsblatt

Name: ______________________

Convenience-Produkte: Fertigprodukte und Fertiggerichte

1. Welche Produkte gibt es? Einteilung nach

Zubereitungsstufe

- ______________________
  z. B. Joghurt, Käse, Sandwich
- ______________________
  z. B. Tiefkühlpizza, Doseneintopf
- ______________________
  z. B. fertig geputztes Gemüse

Art der Konservierung

- ______________________
  z. B. Konservendose
- Dehydrieren (= ______________________)
  z. B. getrocknete Kräuter, Tütensuppen
- ______________________
  z. B. Milchprodukte, Blätterteig
- ______________________
  z. B. Tiefkühlpizza, -gemüse

2. Vor- und Nachteile dieser Produkte (z. B. am Beispiel Tütensuppe)

☺	☹
• ______________________	• ______________________
______________________	______________________
• ______________________	• ______________________
______________________	______________________
• ______________________	• ______________________
______________________	______________________

3. Was nehme ich mir für die Zukunft vor?

____

____

____

____

Rezeptblatt

Name: ____________________

Wir bereiten Speisen selbst zu und vergleichen sie mit Fertigprodukten!

Erdbeersahnejoghurt

Preis	Menge	Zutaten	Zubereitung
________€	200 g	Erdbeeren	1. Erdbeeren waschen, putzen, vierteln.
________€	40 g	Zucker	2. Die Hälfte der Erdbeeren mit Zucker pürieren.
________€	1 P.	Vanillezucker	3. Erdbeeren mit Joghurt mischen.
________€	500 g	Naturjoghurt	4. Sahne steif schlagen und unter den Erdbeerjoghurt heben.
________€	100 g	Sahne	
= ______€	Ca. 800 g	800 g Erdbeerjoghurt kosten ________€. 1 g Erdbeerjoghurt kostet ________€ : 800 g 1 g Erdbeerjoghurt kostet ________€. 150 g Erdbeerjoghurt kosten ________€ x 150 = ________€	

Blumenkohl-/Brokkolicremesuppe

Preis	Menge	Zutaten	Zubereitung
________€	200 g	Blumenkohl/Brokkoli	1. Blumenkohl/Brokkoli waschen, grob zerkleinern.
________€	1	Zwiebel	2. Zwiebel in Würfel schneiden.
________€	2–3	Kartoffeln	3. Kartoffeln schälen und in Würfel schneiden.
	½ l	Brühe	4. Gemüse und Kartoffeln andünsten, mit Brühe aufgießen, leicht köcheln lassen. **Garzeit:** 15–20 Minuten
________€	100 g	Sahne	
		Salz, Pfeffer	5. Suppe pürieren.
			6. Sahne zugeben und abschmecken.
= ______€	Ca. 800 g	800 ml Blumenkohl-/Brokkolicremesuppe kosten ________€. 1 ml Brokkolicremesuppe kostet ________€ : 800 g 1 ml Brokkolicremesuppe kostet ________€. 500 ml Brokkolicremesuppe kosten ________€ x 500 = ________€	

Lebensmittelverderb: Schimmel

Übersicht:

- **Station: „Experiment: Schimmel“**
  Medien: Toastbrotscheibe, durchsichtige Plastiktüte, Gummiring
- **Station „Schimmel – was ist das eigentlich?“**
  Medien: Text, Arbeitsblatt (S. 55), Kontrollkarte
- **Station „Welche Lebensmittel sind besonders betroffen?“**
  Medien: Arbeitsblatt (S. 55), Ankreuzkarte, feuchter Lappen, Folienstift, Kontrollkarte
- **Station: „Schimmel – was nun?“**
  Medien: Text, Arbeitsblatt (S. 55), Kontrollkarte
- **Station: „Tipps zur Vermeidung von Schimmelpilzen“**
  Medien: Text, Arbeitsblatt (S. 55)
- **Station: „Schimmel ist nicht gleich Schimmel“**
  Medien: Text, Wortkarten

Kompetenzen:

- Schimmelpilze erkennen und im Alltag durch bewusstes Verbraucherverhalten vermeiden.
- Den Unterschied von gutem und schlechtem Schimmel kennen und im Alltag bewusst damit umgehen.

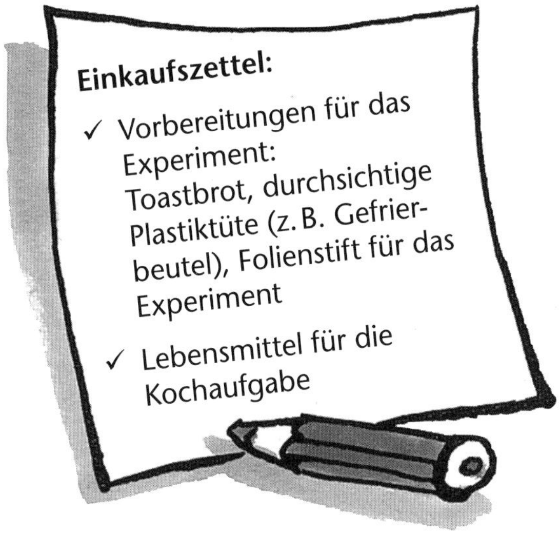

Organisatorische Hinweise:

Die Lehrkraft sollte wenn möglich ein Stück verschimmeltes Stück Brot o. Ä als Anschauungsobjekt haben.
Andere Möglichkeit:
Die Lehrkraft bereitet in einer der vorhergegangenen Unterrichtseinheiten die Station „Experiment“ vor: Die Schüler können so für die Unterrichtseinheit Schimmel vorarbeiten.

Station

Experiment: Schimmel

Was passiert!

Aufgaben:

1. **Nimm** eine Toastbrotscheibe und lege sie in eine durchsichtige Tüte.
2. **Verschließe** die Tüte mit einem Gummiring und beschrifte sie mit deinem Namen. **Lege** sie an einen warmen Ort in der Küche.
3. **Überlege,** was bis zum nächsten Unterricht passiert.
4. **Notiere** deine Vermutung.
5. **Beobachte** deine Toastbrotscheibe in einer Woche/zwei Wochen.
6. **Notiere** deine Beobachtungen.

Name:
Vermutung:
Beobachtung nach einer Woche:
Beobachtung nach zwei Wochen:

Station

Schimmel – was ist das eigentlich?

Aufgaben:

1. **Lies** den Text durch.
2. **Ergänze** das Arbeitsblatt (Nummer 1).

Schimmel

Schimmel ist der umgangssprachliche Begriff für Schimmelpilze.

Diese Pilze vermehren sich durch Sporen über die Luft.
Treffen die Sporen auf ein Lebensmittel, keimen sie aus und bilden Zellfäden (= Fadengeflecht).

Diese Zellfäden können das ganze Lebensmittel durchziehen, ohne dass wir es mit dem Auge sehen können.
Das gesamte Gebilde nennt man Myzel.
Sichtbar ist nur der Schimmelrasen auf der Oberfläche des Lebensmittels, welcher aber oft nur ein kleiner Teil des ganzen Schimmelpilzes ist.

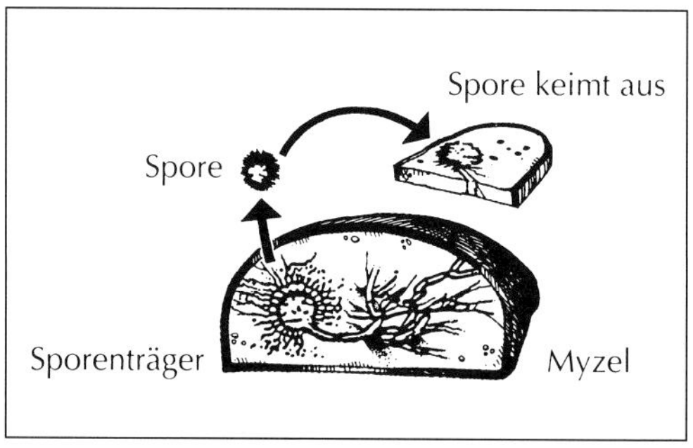

Schimmelpilze können äußerst giftige, teilweise sogar krebserregende Substanzen, sogenannte Mykotoxine bilden, welche bei Mensch und Tier zu Leberschäden und Leberkrebs führen können.

Kontrolle: Schimmel = Schimmelpilze!

Diese Pilze vermehren sich durch ___*Sporen*___ über die Luft.
Schimmelpilze bilden im Lebensmittel ___*Fadengeflechte*___, welche für das menschliche Auge nicht sichtbar sind.
Sichtbar ist nur der ___*Schimmelrasen*___ auf der Oberfläche.
Schimmelpilze können äußerst giftige, teilweise sogar krebserregende Substanzen, sogenannte Mykotoxine bilden, welche bei Mensch und Tier zu ___*Leberschäden*___ und ___*Leberkrebs*___ führen können.

Station

Welche Lebensmittel sind besonders betroffen?

Achtung – prüfe genau!

Es gibt einige Lebensmittel, die häufig von Schimmel befallen werden, deshalb überprüfe sowohl frisch eingekaufte Lebensmittel als auch die Lebensmittel aus dem Vorratsschrank vor dem Verarbeiten.

Aufgaben:

1. **Kreuze** die Lebensmittel an, die häufig von Schimmel befallen werden.
   Tipp: Wasserhaltige Lebensmittel werden oft und schneller von Schimmel befallen.
2. **Kontrolliere** mit der Kontrollkarte.
3. **Trage** auf deinem Arbeitsblatt acht Lebensmittel ein (Nummer 2).
4. **Wische** die Ankreuzkarte mit dem feuchten Lappen wieder ab.

Ankreuz- und Kontrollkarte (Vorlage kopieren und laminieren)

Lebensmittel, die häufig von Schimmel befallen werden

☐	Brot	☐	Gemüse	☐	Zucker
☐	Milch	☐	Obst	☐	Butter
☐	Mineralwasser	☐	Joghurt, Quark	☐	Käse
☐	Säfte	☐	Nüsse, Mandeln	☐	Kokosraspel
☐	Wurst	☐	Mehl	☐	Gewürze

Lebensmittel, die häufig von Schimmel befallen werden

X	Brot	X	Gemüse	☐	Zucker
X	Milch	X	Obst	☐	Butter
☐	Mineralwasser	X	Joghurt, Quark	X	Käse
X	Säfte	X	Nüsse, Mandeln	X	Kokosraspel
X	Wurst	☐	Mehl	X	Gewürze

Station

Schimmel – was nun?

Wie gehe ich vor, wenn Lebensmittel von Schimmel befallen sind?

Aufgaben:

1. **Lies** den Text durch.
2. **Ergänze** das Arbeitsblatt (Nummer 2, **Merke:**).

Schimmel – was nun?

Da der Schimmelpilz oft mit bloßem Auge nicht zu sehen ist, ist es schwierig, zu erkennen, wie weit das Lebensmittel schon verdorben ist.

Deshalb müssen folgende Lebensmittel, wenn sie von Schimmel befallen sind, **sofort entsorgt** werden:

Schnittbrot, Milch- und Milchprodukte, Fleisch, Wurstwaren, Nüsse, Gewürze, Obst, Gemüse, Kompott, Obst- und Fruchtsäfte.

Kontrolle: Schimmel – was nun?

Merke: Befallene Lebensmittel ___*sofort entsorgen*___, da man Schimmelpilze oft mit bloßem ___*Auge*___ nicht ___*sehen*___ kann!

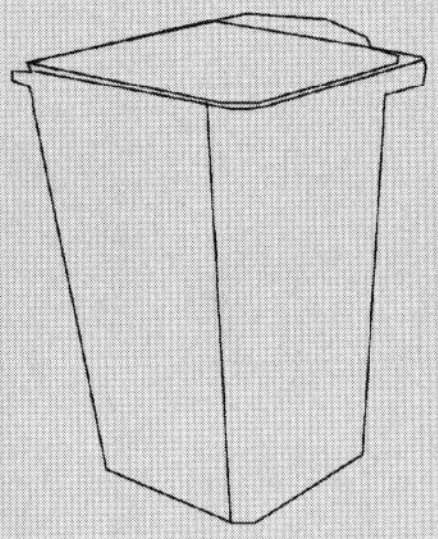

Tipps zur Vermeidung von Schimmelpilzen

Schau genau – sei schlau!

Um Schimmelpilze im Vorfeld zu vermeiden, kann man selbst einige Vorkehrungen treffen.

Aufgaben:

1. **Lies** den Text durch.
2. **Formuliere** fünf Regeln für die Vermeidung von Schimmelpilzen.
3. **Ergänze** die Regeln auf deinem Arbeitsblatt (Nummer 3).

Tipps zur Vermeidung von Schimmelpilzen

Um Schimmel bei Lebensmitteln zu vermeiden, gibt es einige nützliche Tipps:

Achte darauf, dass du …

- frische Lebensmittel kaufst, denn diese sind meist in einem einwandfreien Zustand.
- schimmelanfällige Lebensmittel nur in kleinen Mengen kaufst, die du gleich verarbeiten kannst. Somit ist keine lange Lagerung nötig.
- beim Einkauf immer das Mindesthaltbarkeitsdatum prüfst. Dies gewährt, dass die Ware bis zu diesem Datum in einwandfreiem Zustand ist.
- deine Lebensmittel sauber, kühl und trocken lagerst.
- Brotkästen regelmäßig kontrollierst und reinigst, damit sich keine Schimmelsporen einnisten können.
- befallene Lebensmittel sofort entsorgst, denn Schimmel ist ansteckend und kann somit andere Nahrungsmittel befallen.
- deine Vorräte regelmäßig prüfst. Nur so kannst du sicher sein, dass sie nicht von Schimmel befallen sind.

Kontrolle: Tipps zur Vermeidung von Schimmelpilzen:

- *Kaufe nur frische Lebensmittel.*
- *Kaufe schimmelanfällige Lebensmittel nur in kleinen Mengen.*
- *Prüfe beim Kauf das Mindesthaltbarkeitsdatum.*
- *Lagere deine Lebensmittel kühl, trocken und sauber.*
- *Entsorge befallene Lebensmittel.*
- *Prüfe Vorräte regelmäßig.*
- *Prüfe und reinige Brotkästen regelmäßig.*

Station

Schimmel ist nicht gleich Schimmel!

Essbar oder nicht?

Aufgaben:

1. **Betrachte** die Lebensmittel. Was kannst du feststellen?
2. **Lies** den Text durch.
3. **Ordne** die Lebensmittel-Wortkarten den Schimmelarten zu.

Essbar – oder nicht?

Nicht alle Schimmelpilze sind schädlich.
Bei Schimmelpilzen unterscheidet man essbare und schädliche Schimmelpilze.

Beim essbaren Schimmel sind diese Schimmelpilze von Nutzen, denn sie sind wichtig für die Konservierung und Aromabildung.

Essbare Schimmelpilze findet man beispielsweise bei verschiedenen Käsesorten, wie Camembert, Roquefort, oder bei ummantelter Salami.

Essbarer Schimmel	Schädlicher Schimmel
 zum Beispiel:	 zum Beispiel:
Blauschimmelkäse	Verschimmeltes Brot
Camembert	Verschimmeltes Gemüse
Ummantelte Salami	Verschimmeltes Obst

Name: ____________________

Dem Schimmel auf der Spur!

1. Schimmel = Schimmelpilze!

Diese Pilze vermehren sich durch ____________________ über die Luft. Schimmelpilze bilden im Lebensmittel ____________________, welche für das menschliche Auge nicht sichtbar sind. Sichtbar ist nur der ____________________ auf der Oberfläche.

Schimmelpilze können äußerst giftige, teilweise sogar krebserregende Substanzen, sogenannte Mykotoxine bilden, welche bei Mensch und Tier zu ____________________ und ____________________ führen können.

2. Häufig von Schimmel befallene Lebensmittel:

- ____________________
- ____________________
- ____________________
- ____________________
- ____________________
- ____________________
- ____________________
- ____________________

Merke: Befallene Lebensmittel ____________________ ____________________, da man Schimmelpilze oft mit bloßem ____________________ nicht ____________________!

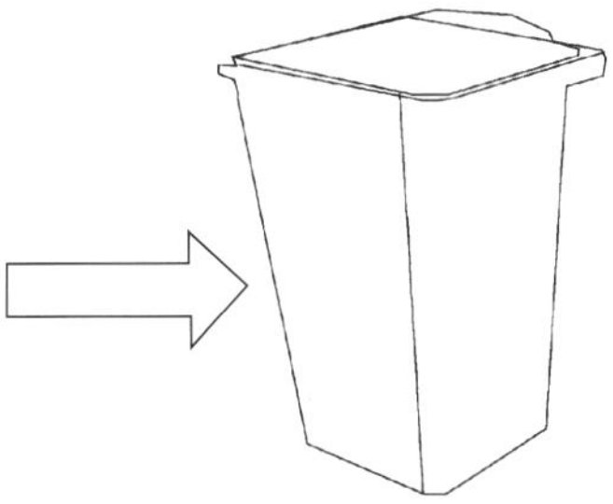

3. Tipps zur Vermeidung von Schimmelpilzen:

- ____________________
- ____________________
- ____________________
- ____________________
- ____________________

Rezeptblatt

Name: ____________

Wir bereiten einen Toast zu!

Unterstreiche alle Lebensmittel im Rezept, welche schimmelgefährdet sind!

Räuber-Heigl-Toast

Menge	Zutaten	Zubereitung
4	Putenschnitzel Salz, Pfeffer	1. Schnitzel waschen, abtupfen und auf beiden Seiten gut würzen.
2 EL	Öl	2. Öl in einer Pfanne erhitzen und die Schnitzel von beiden Seiten gut anbraten.
4 Sch.	Toastbrot	3. Toast auf ein mit Backpapier ausgelegtes Backblech legen.
		4. Schnitzel auf die Toastbrotscheiben legen.
2	Birnen (Dose)	5. Birnen in Scheiben schneiden.
4 Sch.	Schinken	6. Toast mit Schinken und Birnen belegen.
1	Camembert	7. Camembert in Scheiben schneiden und auf den Toast geben.
		8. Toast überbacken: **Garzeit:** ca. 10 Min. 200 °C, Heißluft
4 TL	Preiselbeeren	9. Toast mit Preiselbeeren auf einem Salatbett anrichten.

Salatbett für den Toast

Menge	Zutaten	Zubereitung
150 g	Feldsalat	1. Salat waschen und putzen.
½	Paprika	2. Paprika waschen und in feine Streifen scheiden.
½	Gurke	3. Gurke schälen und hobeln.
<u>Marinade</u>		
2 EL	Öl	4. Alle Zutaten zu einer Marinade verrühren.
2 EL	Essig	5. Salat erst kurz vor dem Servieren marinieren.
etwas	Salz, Zucker, Pfeffer	6. Marinierten Salat auf die für den Toast vorbereiteten Teller anrichten.

Lebensmittelinfektion: Salmonellen

Übersicht:

- **Station „Salmonellen – was ist das eigentlich?"**
  Medien: Text, Arbeitsblatt (S. 62), Kontrollkarte
- **Station „Salmonellose"**
  Medien: Text, Arbeitsblatt (S. 62), Kontrollkarte
- **Station „Welche Lebensmittel/Speisen sind besonders gefährdet?"**
  Medien: Arbeitsblatt (S. 62), Fächer
- **Station „Tipps zur Vermeidung von Salmonellen"**
  Medien: Text, Arbeitsblatt (S. 62)

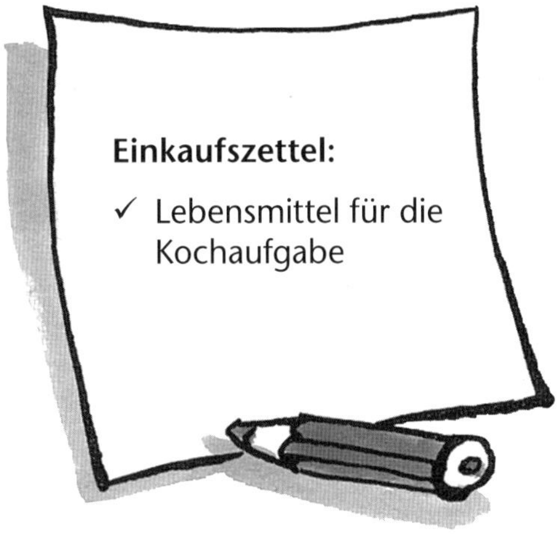

Kompetenzen:

- Salmonellen kennen und im Alltag durch bewusstes Verhalten vermeiden.
- salmonellengefährdete Lebensmittel kennen und im Alltag verantwortungsvoll damit umgehen.

Organisatorische Hinweise:

Evtl. eine kleine Kochaufgabe wählen, damit die Schüler vor dem Zubereiten der Speisen den Stationenlauf durchlaufen können. So können sie ihr Wissen gleich in die Praxis umsetzen.

Kontrolle: Salmonellen – was ist das eigentlich?

= *Bakterien*, die Krankheiten, vor allem im Magen-Darm-Bereich, verursachen können.

- Wichtigste Salmonellen-Erkrankung: *Salmonellose*
- Sind übertragbar, das heißt sie sind *ansteckend*
- Infektionsgefahr durch: *infizierte Nahrungsmittel*, *mangelnde Hygiene*, *unsachgemäße Verarbeitung von Lebensmitteln*, *Kot* von Mensch und Tier.

Kontrolle: Salmonellen – wie erkenne ich eine mögliche Erkrankung?

- Anzeichen einer Salmonellenerkrankung: *heftige Durchfälle*, *Fieber*, *Bauchkrämpfe*, *große Übelkeit*.

Station

Salmonellen – was ist das eigentlich?

Aufgaben:

1. **Lies** den Text durch.
2. **Ergänze** das Arbeitsblatt (Nummer 1).
3. **Kontrolliere** mit der Kontrollkarte.

Salmonellen

Salmonellen sind Bakterien, die eine Vielzahl von Krankheiten, vor allem im Magen-Darm-Bereich, beim Menschen verursachen können.

Es gibt viele verschiedene Arten von Salmonellen. Die wichtigste ist die Enteritis-Salmonellen-Erkrankung, besser bekannt unter dem Namen Salmonellose.

Diese Krankheit ist durch infizierte Nahrungsmittel, unsachgemäße Verarbeitung, mangelnde Hygiene bei der Zubereitung von Speisen oder durch Kot von Mensch und Tier übertragbar und somit ansteckend.

Die Inkubationszeit (Zeit zwischen Ansteckung und Ausbruch) beträgt ca. 12–36 Stunden.

Station

Salmonellose

Wie erkenne ich die Krankheit?

1. **Lies** das Fallbeispiel durch.
2. **Überlege**, welche Anzeichen auf eine mögliche Salmonellenerkrankung hindeuten.
3. **Ergänze** das Arbeitsblatt (Nummer 1).
4. **Kontrolliere** mithilfe der Kontrollkarte.

Salmonellose – wie erkenne ich eine mögliche Erkrankung?

Christian überrascht seine Freundin Johanna mit einem leckeren Mittagsmenü. Es gibt einen Salatteller mit Rührei, Hähnchencurry mit Reis und ein Tiramisu.

Einige Stunden nach dem Verzehr des Menüs geht es Johanna nicht gut:

Sie klagt über heftigen Durchfall, Fieber, Bauchkrämpfe und große Übelkeit. Auch am nächsten Tag geht es ihr noch nicht besser.

Christian bringt seine Freundin gleich zum Arzt, wo die Infektion mit Salmonellen festgestellt wird. Der Arzt meldet die Erkrankung beim Gesundheitsamt, da eine Salmonellenerkrankung laut Lebensmittelschutzgesetz meldepflichtig ist.

Station

Welche Lebensmittel/Speisen sind besonders gefährdet?

Aufgaben:

1. **Finde** mithilfe des Fächers gefährdete Lebensmittel/Speisen heraus.
2. **Kontrolliere** auf der Rückseite: ● = gefährdetes Lebensmittel; ○ = ungefährdetes Lebensmittel
3. **Trage** in dein Arbeitsblatt acht gefährdete Lebensmittel ein (Nummer 2).

Herstellung des Fächers:

- Kärtchen kopieren, an der Linie falten, festkleben, sodass Punkt auf der Rückseite ist, und laminieren.
- Alle Kärtchen beim Kreuz lochen und mithilfe einer Schraube und Mutter befestigen.

●	Geflügel	+
●	Eier	+
●	Fisch	+
●	Fleisch/Hackfleisch	+
●	Mayonnaise	+
●	Wurst	+
●	Tiramisu	+
●	Steaks (nicht durchgegart)	+

●	Erwärmte Essensreste	+
○	Obst	+
○	Gemüse	+
○	Saft	+
○	Kartoffeln	+
○	Reis	+
○	Joghurt	+
○	Nudeln	+
○	Sahne	+
●	Frikadelle/Fleischpflanzerl	+
●	Rührei	+
○	Marmelade	+

Station

Tipps zur Vermeidung von Salmonellen

Sauberkeit!

Aufgaben:

1. **Lies** den Text durch.
2. **Formuliere** fünf Regeln zur Vermeidung von Salmonellen.
3. **Ergänze** die Regeln auf dem Arbeitsblatt (Nummer 3).

Tipps zur Vermeidung von Salmonellen:

Jedes Jahr stecken sich tausende Menschen an der Lebensmittelinfektionskrankheit Salmonellose an.

Es gibt Möglichkeiten, sich vor einer Salmonellenerkrankung zu schützen:

Achte darauf, dass du …

- beim Einkauf von Fleisch, Fleischwaren und Fisch die Kühlkette nicht unterbrichst, denn Salmonellen vermehren sich bei warmen Temperaturen.
  ⇨ Tiefkühltasche verwenden!
- bei gefährdeten Lebensmitteln verstärkt auf persönliche Hygiene und Hygiene am Arbeitsplatz achtest.
- Auftauwasser von Geflügel sofort wegschüttest, denn darin sind sehr viele Bakterien enthalten.
- Lebensmittel (z. B. Fleisch, Eier) immer ausreichend durchgarst, denn Hitze tötet Bakterien ab.
- Speisen mit rohen Eiern (z. B. echtes Tiramisu, Cremes mit Eischnee) sofort nach dem Zubereiten verzehrst.
- Geschirr, das mit rohen, gefährdeten Lebensmitteln in Berührung gekommen ist, sofort mit heißem Wasser und Spülmittel reinigst, damit sich Salmonellen nicht vermehren können.
- Speisen wenn möglich nicht lange warmhältst. Kühle sie im Kühlschrank und erwärme sie bei Bedarf gut.

Kontrolle: Tipps zur Vermeidung von Salmonellen:

- *Unterbrich beim Einkauf die Kühlkette nicht (Tiefkühltasche)!*
- *Achte verstärkt auf persönliche Hygiene und Hygiene am Arbeitsplatz!*
- *Auftauwasser von Geflügel wegschütten!*
- *Lebensmittel gut durchgaren, z. B. Fleisch, Eier …!*
- *Vermeide Speisen mit rohen Eiern!*
- *Spüle benutztes Geschirr sofort mit heißem Wasser und Spülmittel!*
- *Speisen nicht lange warmhalten!*

Arbeitsblatt

Name: ____________________

Salmonellen!

1. Salmonellen

= ______________________________, die Krankheiten, vor allem im Magen-Darm-Bereich, verursachen können.

- Wichtigste Salmonellen-Erkrankung: ______________________________
- Sind übertragbar, dass heißt sie sind ______________________________
- Infektionsgefahr durch: ______________________________,
  ______________________________, ______________________________,
  ______________________________ Mensch und Tier.
- Anzeichen einer möglichen Salmonellenerkrankung:
  ______________________________, ______________________________
  ______________________________, ______________________________

2. Gefährdete Lebensmittel:

- ______________________________
- ______________________________
- ______________________________
- ______________________________
- ______________________________
- ______________________________
- ______________________________
- ______________________________

3. Tipps zur Vermeidung von Salmonellen:

- ______________________________
- ______________________________
- ______________________________
- ______________________________
- ______________________________

Der Organisationsplan

Übersicht:

- **Station „Wir planen des Herstellen einer Hauptmahlzeit“**
  Medien: Mindmap
- **Station „Wir stellen gemeinsam eine Hauptmahlzeit her“**
- **Station „Der Einkaufszettel“**
  Medien: Einkaufszettel, Rezeptblätter (S. 71/72)
- **Station „Fachwörter in der Küche“**
  Medien: Kontrolle, Rezeptblätter (S. 71/72)
- **Station „Organisationsplan in 3 Spalten“**
  Medien: Wortkarten, Arbeitsblatt „Organisationsplan in 3 Spalten“ (S. 68), Kontrolle, Kleber
- **Station „Chronologischer Organisationsplan“**
  Medien: Arbeitsblatt „Organisationsplan in 3 Spalten“ (S. 68) und Tabelle „Chronologischer Organisationsplan“
- **Station „Organisationsplan formulieren leicht gemacht!“**
- **Station „Zeitliche Planung“**
  Medien: Kontrollstreifen
- **Station „Arbeitsschritte kurz und knapp formulieren“** (= Rezeptblatt), Kontrollblatt
- **Station „Wir schreiben einen Organisationsplan am PC**
  Medien: Kontrollblatt, PC

Kompetenzen:

- Fachbegriffe der Nahrungszubereitung kennen und beim Formulieren von Arbeitsschritten richtig verwenden.
- Den Organisationsplan kennen und zur besseren Planung nutzen.

Organisatorische Hinweise:

Dieser Stationenlauf beinhaltet Materialien für drei Unterrichtseinheiten:

1. UE: Erstellen des Einkaufszettels
2. UE: Organisationsplan aufstellen
Gerichte: Wiener Schnitzel, Kartoffelsalat, grüner Salat
3. UE: Organisationsplan formulieren
Gerichte: Geschnetzeltes „Züricher Art“, Nudeln, Gurkensalat

Alle Arbeitsblätter sind neutral für das Erstellen von weiteren Organisationsplänen konzipiert. Es ist unabdingbar, dass die Schüler das Schreiben von Organisationsplänen kontinuierlich üben.

Station

Wir planen das Herstellen einer Hauptmahlzeit

Erst denken, dann arbeiten!

Aufgaben:

1. **Überlege**, welche Arbeiten du zu erledigen hast, wenn du das geplante Gericht zubereiten sollst.
2. **Trage** die Arbeiten in die Mindmap ein.

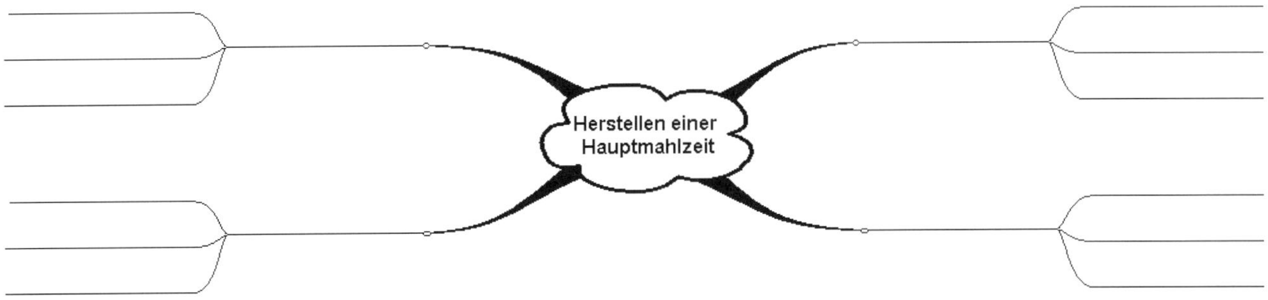

Station

Wir stellen gemeinsam eine Hauptmahlzeit her

Gerechte und faire Arbeitseinteilung in der Koje!

Aufgaben:

1. Zuerst **erstellt** ihr gemeinsam eine Arbeitseinteilung.
2. Dann **stellt** ihr das Gericht her.
3. Nach dem Essen **räumt** ihr die Koje gemeinsam laut Arbeitsplanung auf.
   ⇨ Wenn du bei der Zubereitung deines Gerichtes Wartezeiten hast, nütze diese bereits zum Aufräumen.

Koje ◯				
Name				
Gericht				
Aufräumarbeiten				

Unterrichtspraktischer Hinweis:
Damit Schüler in der projektorientierten Prüfung selbstständig eine Arbeitsplanung in der Gruppe erstellen können, ist es unbedingt erforderlich, dass dies vorher im Unterricht regelmäßig geübt wird. Dabei wird sowohl Persönlichkeits- als auch Sozialkompetenz erworben.

Station

Der Einkaufszettel

Eine große Hilfe beim Einkauf!

Aufgaben:

1. **Lies** die Rezepte auf dem Rezeptblatt durch.
2. **Kläre ab**, welche Zutaten in der Schulküche vorhanden sind und nicht eingekauft werden müssen.
3. **Trage** die benötigten Zutaten in den Einkaufszettel in der richtigen Spalte ein.
   ⇨ Denke daran, dass man Lebensmittel oft nicht einzeln oder grammweise kaufen kann, sondern nur als Päckchen, im Glas, …
4. **Kontrolliere** deinen Einkaufszettel mit der Kontrollkarte!

Einkaufszettel: Wiener Schnitzel, Kartoffelsalat, grüner Salat

Obst/Gemüse		**Trockenvorräte**		**Milchprodukte/Eier**	
Konserven		**Fleisch/Wurst**		**Sonstiges/Gewürze**	

Kontrolle: Der Einkaufszettel

Obst/Gemüse		**Trockenvorräte**		**Milchprodukte/Eier**	
1	*Zitrone*	*1 P.*	*Paniermehl*	*6*	*Eier*
1	*Blattsalat*	*1 kg*	*Mehl*		
1	*Tomate*				
1	*Gurke*				
1 Bd.	*Petersilie*				
2	*Zwiebeln*				
500 g	*festk. Kartoffeln*				
Konserven/Gewürze		**Fleisch/Wurst**		**Sonstiges**	
1 P.	*Senf*	3	Schnitzel	*1 P.*	*Servietten*
1 G.	*Gekörnte Brühe*				
1 Fl.	*Essig*				
1 Fl.	*Öl*				
1 Gl.	*Essiggurken*				
	Salz				
	Pfeffer				

Station

Fachwörter in der Küche

Sprechen wie ein Küchenprofi!

Aufgaben:

1. **Lies** die Rezepte auf dem Rezeptblatt durch.
2. **Trage** die Fachbegriffe bei den jeweiligen Gerichten ein.

marinieren (2x)	wiegen	panieren	pellen	garnieren	putzen	braten

3. **Kontrolliere** mithilfe der Kontrollkarte.

Wiener Schnitzel	Kartoffelsalat	Grüner Salat
1. Schnitzel ______________.	1. Pellkartoffeln kochen.	1. Salat waschen, ______________.
2. Schnitzel in der Pfanne ______________.	2. Kartoffeln ______________.	2. Petersilie ______________.
3. Schnitzel anrichten und ______________.	3. Zutaten schneiden.	3. Marinade herstellen.
	4. Marinade herstellen.	4. Salat ______________.
	5. Salat ______________.	

Kontrolle: Fachwörter in der Küche		
Wiener Schnitzel	**Kartoffelsalat**	**Grüner Salat**
1. Schnitzel panieren.	1. Pellkartoffeln kochen.	1. Salat waschen, putzen.
2. Schnitzel in der Pfanne braten.	2. Kartoffeln pellen.	2. Petersilie wiegen.
3. Schnitzel anrichten und garnieren.	3. Zutaten schneiden.	3. Marinade herstellen.
	4. Marinade herstellen.	4. Salat marinieren.
	5. Salat marinieren.	

Station

Organisationsplan in 3 Spalten für 1 Koch/Köchin

Erst denken, dann arbeiten!

Aufgaben:

1. **Ordne** die Wortkarten mit den Namen der Gerichte in die erste Zeile der Tabelle auf dem Arbeitsblatt.
2. **Ordne** die restlichen Arbeitsschritte auf dem Arbeitsblatt zu einem Organisationsplan.
   Beachte:

   ⇨ Ordne die Wortkarten je nach ihren Farben den Gerichten zu.

Wiener Schnitzel	Kartoffelsalat	Grüner Salat
rote Wortkarten	gelbe Wortkarten	grüne Wortkarten

   ⇨ In jeder Zeile darf nur eine Wortkarte liegen.

   ⇨ Berücksichtige Wartezeiten, z. B. Garzeiten, Kühlzeiten, Ziehzeiten usw.

3. **Kontrolliere** deinen Organisationsplan mithilfe der Kontrollkarte.
4. **Klebe** die Arbeitsschritte auf.
5. **Trage** in die linke Spalte die Uhrzeit ein.

Wortkarten mit Arbeitsschritten

Wortkarten für Wiener Schnitzel auf **rotes** Tonpapier kopieren.

Wiener Schnitzel

- Schnitzel panieren.
- Schnitzel in der Pfanne braten. (Garzeit: 20 Min.)
- Schnitzel garnieren.

Herstellen der Medien:
- Arbeitsschritte auf farbiges Tonpapier kopieren, schneiden.
- Arbeitsblatt „Organisationsplan in 3 Spalten" kopieren.

Wortkarten für Kartoffelsalat auf **gelbes** Tonpapier kopieren.

Kartoffelsalat

- Pellkartoffeln kochen. (Garzeit: 15 Min. im Schnellkochtopf)
- Kartoffeln pellen.
- Zutaten schneiden.
- Marinade für gek. Salate herstellen.
- Kartoffelsalat marinieren, 30 Min. ziehen lassen.
- Kartoffelsalat abschmecken, anrichten.

Wortkarten für grünen Salat auf **grünes** Tonpapier kopieren.

Grüner Salat

- Salat waschen, putzen.
- Zutaten schneiden.
- Essig-Öl-Marinade herstellen.
- Grünen Salat marinieren, anrichten.

Arbeitsblatt

Name: ______________________

Organisationsplan in 3 Spalten für 1 Koch/Köchin

Zeit	Gericht:	Gericht:	Gericht:
	Zutaten und Geräte vorbereiten.		
Tischzeit			

Kontrolle: Organisationsplan in 3 Spalten			
Zeit	**Wiener Schnitzel**	**Kartoffelsalat**	**Grüner Salat**
	Zutaten und Geräte vorbereiten.		
		Pellkartoffeln kochen (Garzeit: 15 Min. im Schnellkochtopf).	
	Schnitzel panieren.		
		Marinade für gekochte Salate herstellen.	
		Kartoffeln pellen.	
		Zutaten schneiden.	
			Salat waschen, putzen.
		Kartoffelsalat marinieren, 30 Min. ziehen lassen.	
			Zutaten schneiden.
	Schnitzel in der Pfanne braten (Garzeit: 20 Min.).		
			Essig-Öl-Marinade herstellen.
		Kartoffelsalat abschmecken, anrichten.	
			Grünen Salat marinieren, anrichten.
	Schnitzel garnieren.		
Tischzeit			

Station

Name: ____________________

Chronologischer Organisationsplan für 1 Koch/Köchin

Hinweis: Du solltest vor dieser Aufgabe den Organisationsplan in 3 Spalten bereits gelegt/geschrieben haben.

Aufgaben:

1. **Lege** die Wortkarten mit den Arbeitsschritten nun in der richtigen Reihenfolge untereinander.
2. **Trage** die Arbeitsschritte in den chronologischen Organisationsplan ein.
3. **Trage** die Zeit in die linke Spalte ein.
4. **Überprüfe**, ob die Wartezeiten (Garzeiten, Ziehzeit etc.) zeitlich stimmen.

Chronologischer Organisationsplan	
Zeit	**Arbeitsschritte**
Tischzeit	

Rezeptblatt

Name: ____________

Herstellen einer Hauptmahlzeit: Wiener Schnitzel, Salat

Wiener Schnitzel

Menge	Zutaten	Zubereitung
3–4 1 Pr.	Schnitzel (Kalb, Pute oder Schwein) Salz, Pfeffer	1. Schnitzel waschen, mit Küchenkrepp trocknen. 2. Schnitzel leicht klopfen. 3. Schnitzel würzen.
2 EL 1 3 EL	Mehl Ei Paniermehl	4. Schnitzel panieren: Zuerst in Mehl, dann in verquirltem Ei und zum Schluss in Semmelbrösel wenden.
2 EL	wasserfreies Fett, z. B. Butterschmalz, Öl	5. Fett erhitzen. 6. Schnitzel in die Pfanne legen, bei mittlerer Hitze ausbacken. **Garzeit:** 10 Min. auf jeder Seite
1 etwas	Zitrone Petersilie	7. Schnitzel anrichten, mit Zitronenscheiben und Petersilie garnieren.

Schnitzel panieren

1. In Mehl wenden.

2. In Ei wenden.

3. In Semmelbrösel wenden.

Grüner Salat

Menge	Zutaten	Zubereitung
½ Kopf	Blattsalat, z. B. Kopfsalat, Eissalat, Lollo Rosso etc.	1. Blattsalat waschen. 2. Blattsalat putzen und abtropfen lassen.
½	Zwiebel	3. Zwiebel in feine Würfel schneiden.
 2 EL 2 EL ¼ TL 1 Pr. evtl. 1 TL evtl. 1 EL	Essig-Öl-Marinade: Essig Öl Salz Pfeffer Senf/Meerrettich Kräuter	4. Kräuter waschen, fein schneiden oder wiegen. 5. Alle Zutaten der Marinade miteinander verrühren. 6. Salat erst kurz vor dem Servieren marinieren.

Rezeptblatt

Name: ____________________

Herstellen eines Kartoffelsalates

Kartoffelsalat

Menge	Zutaten	Zubereitung
500 g	festkochende Kartoffeln	1. Pellkartoffeln kochen. **Garzeit:** 15 Min. im Dampfdrucktopf
½	Zwiebel	2. Kartoffeln pellen und schneiden.
1–2	Essiggurken	3. Zwiebeln und Essiggurken in feine Würfel schneiden.
	<u>Marinade für gekochte Salate:</u>	
⅛ l	Brühe	4. Brühe, Essig, Gewürze und Senf erhitzen.
2 EL	Essig	5. Noch warme Kartoffeln mit Marinade ohne Öl vermischen.
¼ TL	Salz	6. Ziehen lassen: ca. 30 Minuten.
1 Pr.	Pfeffer	
1 TL	Senf	
	Kräuter	
3 EL	Öl	7. Vor dem Servieren mit Öl mischen und abschmecken.

Kartoffelsalat herstellen

1. ¼ l Flüssigkeit zugeben.

2. Deckel schließen.

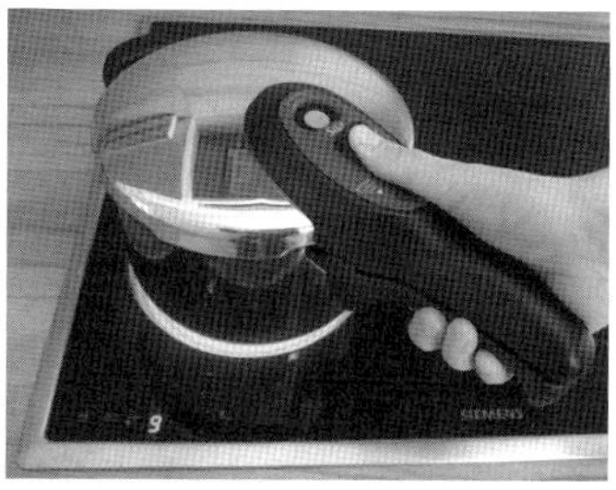

3. Ankochen und Kochregler schließen.

4. Garen durch Überdruck.

5. Abkühlen o. abdampfen.

6. Dampfdrucktopf öffnen.

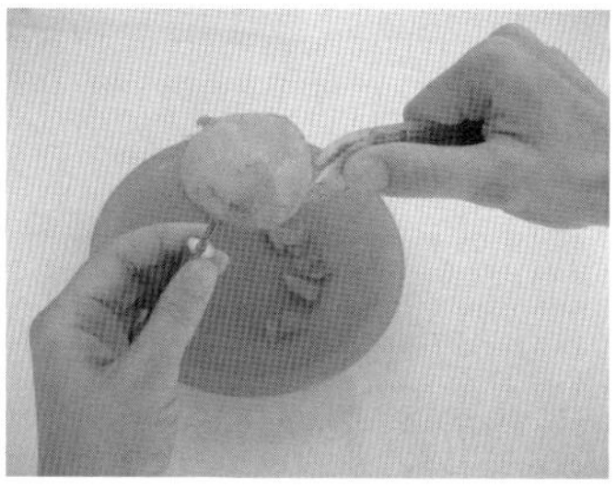

7. Kartoffeln pellen.

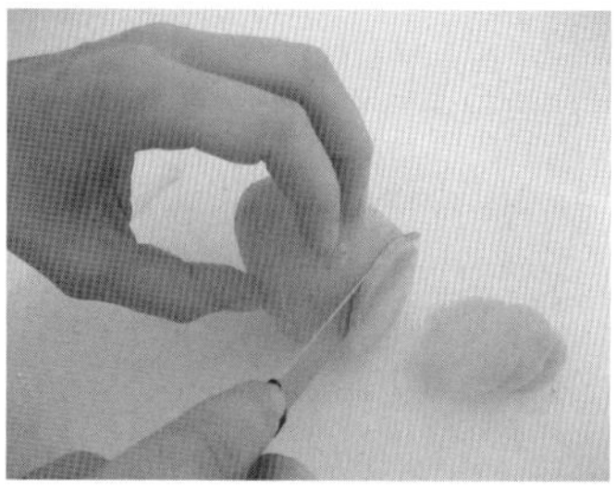

8. Schneiden.

9. Marinade erhitzen, mit Salat mischen.

Station

Organisationsplan formulieren leicht gemacht!

Überbegriffe erleichtern die Arbeit

Aufgaben:

1. **Ordne** die Überbegriffe den unterschiedlichen Arbeitsschritten zu.

   garen | herstellen | fertigstellen | vorbereiten

2. **Ergänze** die Tabelle.

waschen abtropfen lassen putzen schneiden abwiegen	füllen kneten rühren mischen rollen	kochen dünsten backen braten druckgaren überbacken ziehen lassen	abschmecken Soße herstellen Suppe pürieren anrichten garnieren

Station

Zeitliche Planung

Wartezeiten, z. B. Garzeiten, Kühlzeiten etc., beeinflussen den Organisationsplan!

Aufgaben:

1. **Berechne** den richtigen Zeitpunkt, damit du das Essen pünktlich servieren kannst.
2. **Kontrolliere** deine Berechnungen mithilfe der Kontrollkarte.

a) Du willst um 12.00 Uhr Nudeln servieren.
Die Garzeit von Nudeln beträgt 10 Minuten.
Wann musst du die Nudeln ins kochende Wasser geben? ________________ Uhr

b) Du willst um 13.00 Uhr Salzkartoffeln servieren.
Die Garzeit von Salzkartoffeln im Schnellkochtopf beträgt ab der 2. Stufe 12 Minuten.
Wann musst du den Herd für die Salzkartoffeln anschalten? Ca. ________________ Uhr

c) Du willst um 19.00 Uhr eine Pizza servieren.
Die Pizza muss 25 Minuten im Ofen backen.
Wann musst du die Pizza in den vorgeheizten Ofen schieben? ________________ Uhr

d) Du willst um 15.00 Uhr einen heißen Apfelstrudel zum Kaffee servieren.
Die Garzeit beträgt 40 Minuten.
Wann musst du den Strudel in den Ofen schieben? ________________ Uhr

Kontrolle: Zeitliche Planung

a) 11.50 Uhr   b) 12.45 Uhr   c) 18.35 Uhr   d) 14.20 Uhr

Station

Name: ____________

Arbeitsschritte kurz und knapp formulieren

Aufgabe:

Ergänze folgende Textbausteine:

herstellen | garen | fertigstellen | vorbereiten

Geschnetzeltes nach Züricher Art

Menge	Zutaten	Zubereitung	Arbeitsschritte
500 g	Schweine- oder Kalbfleisch	1. Fleisch in Streifen schneiden.	• Zutaten
1	Zwiebel	2. Zwiebel in Würfel schneiden.	____________.
250 g	Champignons	3. Champignons in Scheiben schneiden.	
1 EL	Öl	4. Öl erhitzen, Fleisch zugeben und ca. 1 Min. leicht anbraten, würzen.	• Geschnetzeltes
	Salz, Pfeffer		____________,
1 EL	Mehl	5. Zwiebel andünsten, Champignons zugeben, mit Mehl bestäuben, mit Brühe und Sahne ablöschen.	____________
1/8 l	Brühe		
1/8 l	Sahne		
1 EL	Zitronensaft	6. Leicht köcheln lassen. **Garzeit:** 10 Minuten	• Geschnetzeltes
1 EL	Petersilie	7. Abschmecken.	____________.

Nudeln

	reichlich Salzwasser	1. Salzwasser zum Kochen bringen.	• Wasser erhitzen.
250 g	Nudeln	2. Nudeln zugeben. **Garzeit:** 10 Min.	• Nudeln ____________.
		3. Nudeln abseihen.	• Nudeln ____________.

Gurkensalat

1	Gurke	1. Gurke schälen, schneiden.	• Zutaten
½	Zwiebel	2. Zwiebel in feine Würfel schneiden.	____________.
	<u>Marinade:</u>		
½ B.	Joghurt	3. Marinade herstellen.	• Marinade
1 EL	Öl		
2 EL	Zitronensaft		____________.
	Salz, Pfeffer		
½ Bd.	Dill	4. Salat marinieren.	• Salat
			____________.

Station

Wir schreiben einen Organisationsplan am PC

Name: ____________________

Aufgaben:

1. **Tippe** deinen Namen und Klasse.
2. **Füge** mit der Return-Taste zwei Leerzeilen hinzu.
3. **Füge eine Tabelle** mit 3 Spalten und mindestens 3 Zeilen ein:
   a) Klicke in der Symbolleiste den Reiter „Einfügen" an. →
   b) Klicke das Icon „Tabelle" an.
   c) Ziehe mit der Maus über die entsprechende Größe und klicke links.

4. **Gestalte die Tabelle:**
   Merke: Erst markieren, dann formatieren!

Verbinden von Zellen:
- Klicke bei den Tabellentools den Reiter „Layout" an.
- Klicke das Icon „Zellen verbinden" an.

Formatieren der 1. Zeile:
Fettdruck F
Schriftgrad 12
Schriftart Arial

1. Gericht:	2. Gericht	3. Gericht

Schattierung:
- Markiere die zu verändernden Zellen.
- Wähle über die Symbolleiste „Tabellentools" die Schattierungsfarbe Grau.

Linienstärke:
- Markiere die ganze Tabelle.
- Klicke in der Symbolleiste „Tabellentools" an.
- Wähle Linienstärke 3 pt.
- Wähle „Rahmenlinie außen".

5. **Schreibe** nun den Organisationsplan.
   ⇨ Nütze Wartezeiten und schiebe Arbeitsschritte ineinander!
6. **Trage** die Zeit in die linke Spalte ein.
7. Um neue **Zeilen** in die Tabelle **einzufügen**, setze den Cursor ganz nach rechts außen und drücke die Return-Taste. Eine neue Zeile wird eingefügt.
8. **Formatiere** den Plan, z. B. Buchstabengröße, Zeilenabstand, Schriftart, Fett, Schriftfarbe usw.
9. **Zusatzaufgabe:** Schreibe nun einen chronologischen Organisationsplan.

Kontrolle: Wir schreiben einen Organisationsplan am PC:		
Geschnetzeltes „Züricher Art"	**Nudeln**	**Gurkensalat**
Zutaten und Geräte vorbereiten.		
	Wasser erhitzen.	
Zutaten schneiden.		
Geschnetzeltes herstellen, garen.		
	Nudeln garen.	
		Zutaten vorbereiten.
		Marinade herstellen.
		Salat marinieren.
Geschnetzeltes fertigstellen.	Nudeln fertigstellen.	
Anrichten, Tischzeit		

Kontrolle: Chronologischer Organisationsplan für Geschnetzeltes „Züricher Art", Nudeln, Gurkensalat

1. Zutaten und Geräte vorbereiten.
2. Wasser erhitzen.
3. Zutaten für Geschnetzeltes schneiden.
4. Geschnetzeltes herstellen, garen.
5. Nudeln garen.
6. Zutaten für Gurkensalat vorbereiten.
7. Marinade herstellen.
8. Salat marinieren.
9. Geschnetzeltes fertigstellen.
10. Nudeln fertigstellen.
11. Anrichten.

Übersicht:

- **Station „Soziale Berufsbereiche"**
  Medien: Kontrollkarte
- **Station „Berufsprofile im Internet"**
  Medien: PC mit Internetanschluss
- **Station „Berufsprofile in Form einer Mindmap"**
  Medien: PC mit Internetanschluss
- **Station „Projekt Berufsmesse im sozialen Bereich mit Fingerfood-Buffet"**
  Medien: PC mit Internetanschluss, Einkaufszettel, Zeitplanung, Reflexionsbogen, Rezepte für Fingerfood, Stellwände, Pinnnadeln, Tonpapier, Eddings, Schnellhefter

Kompetenzen:

- Berufsprofile im sozialen Bereich kennen und in Hinblick auf die persönliche Berufswegplanung nutzen.
- Methoden-, Personal-, Sozial- und Sachkompetenz kennen, einüben und bei der Durchführung des Projektes „Berufsmesse" nachweisen.

Organisatorische Hinweise für das Projekt „Berufsmesse mit Fingerfood-Buffet":

Vorbereitung des Projekts:
Das Schreiben eines Organisationsplans und das Erstellen einer Mindmap am PC müssen in den vorhergehenden UEs geübt worden sein.

Einteilung der Projektgruppen von je 3–4 Schülern:
Schüler wählen Gruppen selbst oder die Gruppenbildung findet durch Lose statt.
Jede Gruppe bearbeitet einen anderen Bereich im sozialen Berufsfeld. Der Lehrer kann durch Ankreuzen auf der Aufgabe steuern, dass alle Berufsfelder abgedeckt sind.

Einkauf:
Der Einkauf kann entweder von jedem Schüler selbst oder von der Lehrkraft anhand der Einkaufszettel durchgeführt werden.

Sequenzplanung:
1. UE: Zielsetzung, Informieren, Planen.
2. UE: Arbeiten an der Projektmappe.
3. UE: Arbeiten an der Plakatwand.
4. UE: Projekt ausführen und präsentieren.
5. UE: Projekt überprüfen und abschließen.

Kontrolle: Soziale Berufsbereiche

Bereiche	Berufe	Arbeitsort
Ernährung	Bäcker/-in	Bäckerei
	Fleischer/-in/Metzger/-in	Metzgerei, Schlachthaus
	Konditor-/in	Konditorei
Gastgewerbe	Assistent/-in im Hotelmanagement	Hotel
	Fachkraft im Gastgewerbe	Restaurant
	Hotelfachmann/-frau	Hotel
	Koch/Köchin	Restaurant, Kantine
Gesundheit	Arzthelfer/-in	Arztpraxis
	Krankenpfleger/-in	Krankenhaus
	Krankenpflegehelfer/-in	Krankenhaus
	Tierarzthelfer/-in	Tierarztpraxis
Hauswirtschaft	Hauswirtschafter/-in	Krankenhaus, Altenheim
	Hauswirtschaftliche/r Assistent/-in	Haushalt, Wohnheim
Soziale Berufe	Altenpfleger/-in	Altenheim
	Erzieher/-in	Kindergarten, Heim, Schule
	Kinderpfleger/-in	Kindergarten, Krippe, Heim
	Sozialhelfer/-in	Wohnheim, Kindergarten, Amt

Station

Name:

Soziale Berufsbereiche

Ernährung – Gastgewerbe – Gesundheit – Hauswirtschaft – Soziales

Aufgaben:

1. **Ordne** jeden Beruf dem betreffenden Bereich zu und trage ihn entsprechend deinem Geschlecht ein:

   Bäcker/-in | Assistent/-in im Hotelmanagement | Arzthelfer/-in | Hauswirtschafter/-in | Altenpfleger/-in | Fleischer/-in | Koch/Köchin | Erzieher/-in | Kinderpfleger/-in | Hotelfachmann/-frau | Krankenpfleger/-in | Hauswirtschaftliche/-r Assistent/-in | Konditor/-in | Tierarzthelfer/-in | Fachkraft für Gastgewerbe | Sozialhelfer/-in | Krankenpflegehelfer/-in

2. **Überlege** bei jedem Beruf, wie man den Arbeitsort nennt und trage ihn ein.
3. **Kontrolliere** deine Tabelle mithilfe der Kontrollkarte.

Bereiche	Berufe	Arbeitsort
Ernährung		
Gast-gewerbe		
Gesundheit		
Hauswirt-schaft		
Soziale Berufe		

Berufsorientierung

Name: ______________________

Berufsprofile im Internet

Verschaffe dir einen Einblick im Internet!

Aufgaben:

1. **Wähle** einen Beruf deiner Wahl aus.
2. **Informiere** dich im Internet, z. B. www.berufenet.arbeitsagentur.de, www.12job.de, über diesen Beruf.
3. **Ergänze** das Berufsprofil.

Bereich: ______________________ **Beruf:** ______________________

Tätigkeiten: ______________________

____

____

Interessen und Fähigkeiten, die man mitbringen sollte:

Interessen: ______________________

____

Fähigkeiten: ______________________

____

Arbeits- und Sozialverhalten: ______________________

____

Einsatzorte: ______________________

____

Ausbildung: ______________________

Zugangsvoraussetzung: ______________________

Finanzieller Aspekt:

Bezahlung im 1. Ausbildungsjahr: ______________________

Bezahlung im 2. Ausbildungsjahr: ______________________

Bezahlung im 3. Ausbildungsjahr: ______________________

Station

Berufsprofile in Form einer Mindmap

Mindmaps sind eine gute Entscheidungshilfe!

Aufgabe:

1. **Wähle** einen Beruf deiner Wahl aus.
2. **Informiere** dich über diesen Beruf, z. B. Internet, Broschüren, Betrieb.
3. **Erstelle am PC** eine Mindmap über das Berufsprofil:
   - **Öffne** ein Programm zum Erstellen von Mindmaps.
   - **Gib** in das Themenfeld deinen gewählten Beruf ein.
   - **Füge** die Hauptäste hinzu.
   - **Füge** an jedem Hauptast die entsprechenden Zweige hinzu.
   - **Gestalte** die Mindmap, z. B. mit Bildern, Symbolen, Farben etc.

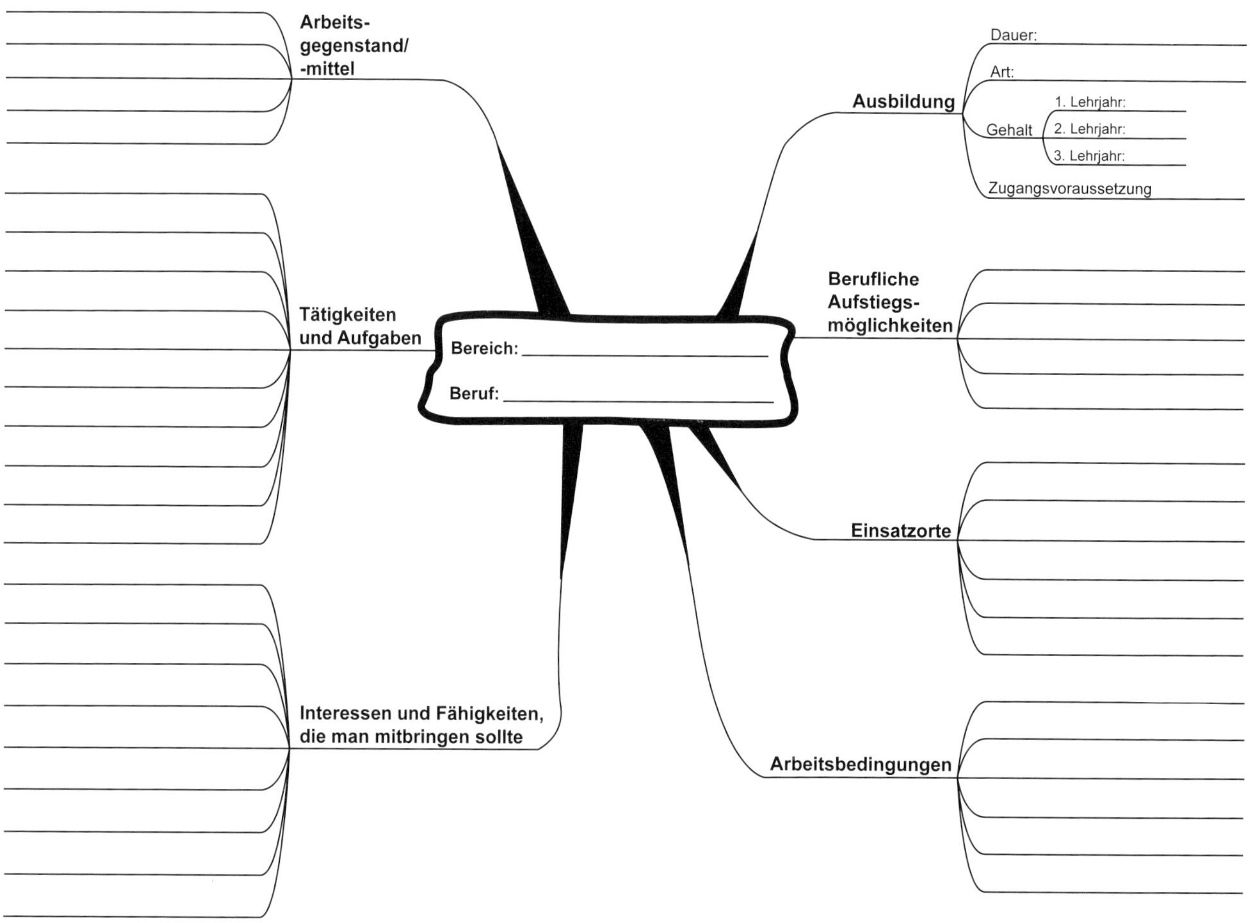

Projekt

Berufsmesse im sozialen Bereich mit Fingerfood-Buffet

Lehren ist die beste Methode zum Lernen

Im Rahmen einer Infoveranstaltung stellt jede Gruppe ihren Mitschülern verschiedene Berufe eines sozialen Bereiches vor: Ernährung, Gastgewerbe, Gesundheit, Hauswirtschaft und soziale Berufe. Zur Verköstigung erstellt ihr ein kleines Buffet mit Fingerfood.

Aufgaben:

1. **Wählt** in der Gruppe aus dem Berufsbereich ______________________________ 3–4 Berufe aus und **teilt** die Berufe unter euch auf.

2. **Wählt** in der Gruppe 3–4 Fingerfood-Rezepte aus und **teilt** die Rezepte unter euch auf.

3. **Erstellt** in der Gruppe einen Zeitplan mit Aufgabenverteilung.

4. Jedes Gruppenmitglied **informiert** sich über seinen gewählten Beruf und **erstellt eine Mindmap**.

5. **Gestaltet** in der Gruppe **eine Plakatwand** über den Berufsbereich. Folgende Elemente kann sie beinhalten:
   - große Überschrift mit eurem Berufsbereich, evtl. kleinere Teilüberschriften.
   - 3–4 Mindmaps mit den einzelnen Berufsprofilen.
   - anschauliche Bilder mit Tätigkeiten dieser Berufe, …

6. Jedes Gruppenmitglied **überprüft** die Vorräte in der Schulküche und **erstellt** einen Einkaufszettel für sein eigenes Gericht.

7. Jedes Gruppenmitglied **erstellt** einen persönlichen Organisationsplan am PC für den Ablauf der gesamten Berufsmesse.

8. Am ______________________________ findet die Berufsmesse statt.
   - Zuerst wird in der Gruppe die Plakatwand **aufgebaut**.
   - Dann **stellt** jeder Schüler sein Gericht **her.**
   - Während der Berufsmesse **präsentiert** jedes Gruppenmitglied sein Berufsprofil.
   - Nach der Messe wird gemeinsam mit der Gruppe **aufgeräumt.**

9. Jedes Gruppenmitglied **erstellt** eine Projektmappe mit folgendem Inhalt:
   - Deckblatt am PC (Thema, Name, Berufsbereich, Beruf, Gericht, …)
   - Zeitplan mit Aufgabenverteilung (siehe Formular)
   - Einkaufszettel (siehe Formular)
   - Organisationsplan am PC
   - Reflexion der eigenen Arbeit und der Arbeit in der Gruppe (siehe Formular)
   - Freiwillige Zusatzaufgabe: Rezeptblatt am PC

Zeitplan mit Aufgabenverteilung: Berufsmesse mit Fingerfood-Buffet		
Zeit	Aufgabe	Schüler
Schulküche oder EDV-Raum	**1. Berufe wählen:** __________ __________ __________ __________	__________ __________ __________ __________
Schulküche oder EDV-Raum	**2. Rezepte wählen:** __________ __________ __________ __________	__________ __________ __________ __________
EDV-Raum	**3. Informieren, Planen**	Gruppe
EDV-Raum	**4. Arbeit an der Projektmappe**	Jeder einzeln
EDV-Raum	**5. Arbeit am Messestand/Plakatwand**	Gruppe
Schulküche	**6. Aufbau der Berufsmesse/des Buffets:** __________ __________ __________ __________	__________ __________ __________ __________
Schulküche	**7. Herstellen der Gerichte**	Jeder einzeln
Schulküche	**8. Aufräumarbeiten:** __________ __________ __________ __________	__________ __________ __________ __________

Einkaufszettel

Obst/Gemüse		Trockenvorräte		Milchprodukte/Eier	
Konserven		**Fleisch/Wurst**		**Sonstiges/Gewürze**	

Projektbezogener Reflexionsbogen

Selbsteinschätzung Beurteile dich selbst!	☺	😐	☹	☺	😐	☹	**Fremdeinschätzung:** Lasse dich beurteilen!
Die Aufgabe hat mich interessiert.							Die Aufgabe hat den Schüler interessiert.
Es fiel mir leicht, Informationen zu finden.							Es fiel dem Schüler leicht, Informationen zu finden.
Die zeitliche Organisation fiel mir leicht.							Es fiel dem Schüler leicht, sich zeitlich zu organisieren.
Ich konnte mich in der Gruppe gut einbringen.							Der Schüler konnte sich gut in der Gruppe einbringen
Es fiel mir leicht, mich mit den anderen zu einigen.							Der Schüler konnte sich gut mit den anderen einigen.
Ich habe selbstständig gearbeitet.							Der Schüler hat selbstständig gearbeitet.
Ich habe ordentlich und sauber gearbeitet.							Der Schüler hat ordentlich und sauber gearbeitet.
Ich konnte Probleme mit den anderen gut lösen.							Der Schüler konnte Probleme gut mit den anderen lösen.
Ich bin mit meinem Gericht voll zufrieden.							Der Schüler stellte ein leckeres Gericht für das Buffet her.
Ich bin mit meinem Berufsprofil voll zufrieden.							Der Schüler erstellte ein gutes Berufsprofil.
Ich bin mit unserer Plakatwand voll zufrieden.							Der Schüler brachte sich beim Erstellen der Plakatwand gut ein.
Ich habe meine Projektmappe sorgfältig und interessant gestaltet.							Der Schüler stellte eine sorgfältige und interessante Projektmappe her.
Ich habe auf der Messe meinen Beruf sehr gut präsentiert.							Der Schüler präsentierte seinen Beruf auf der Messe sehr gut.

Rezeptblatt

Name: ______________

Wir backen Fingerfood im Ofen

Mit einem Biss ist es im Mund!

Blätterteig-Putenbrust-Schnecken

Menge	Zutaten	Zubereitung
1 EL	Öl	1. Frühlingszwiebeln in feine Ringe schneiden, andünsten.
1 Bd.	Frühlingszwiebeln	2. Blätterteig aus dem Kühlregal aufrollen.
1 P.	Blätterteig	3. Frühlingszwiebeln auf dem Teig verteilen.
100 g	Putenbrust	4. Mit Putenbrustscheiben belegen, mit Käse bestreuen, würzen.
50 g	Käse, gerieben	5. Teigplatte aufrollen und in 1 cm dicke Scheiben schneiden, auf ein Backblech legen.
1 Pr.	Salz, Pfeffer, Oregano	6. Mit Ei bestreichen und 15–20 Min. backen.
1	Ei	

Spinat-Schafskäse-Taschen

Menge	Zutaten	Zubereitung
1 EL	Öl	1. Blattspinat andünsten.
1 P.	Tiefkühl-Blattspinat	2. Schafskäse in feine Würfel schneiden.
100 g	Schafskäse	3. Alle Zutaten der Füllung gut vermischen.
1 EL	Pinienkerne	4. Blätterteig ausrollen.
1 Pr.	Salz, Pfeffer	5. Mit Eiweiß bestreichen und in Rechtecke schneiden.
1 P.	Blätterteig	6. Füllung verteilen.
1	Eiweiß	7. Taschen schließen, Rand mit Gabel eindrücken.
1	Eigelb	8. Mit Eigelb bestreichen und 15–20 Min. backen.

Blätterteigtaschen herstellen

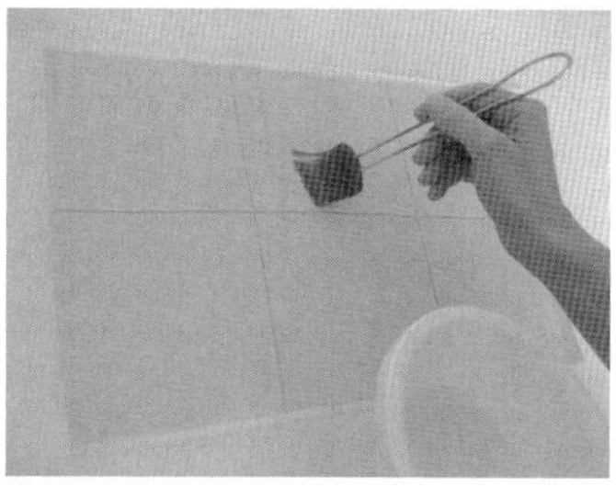

Platte schneiden, mit Eiweiß besteichen.

Taschen füllen und schließen.

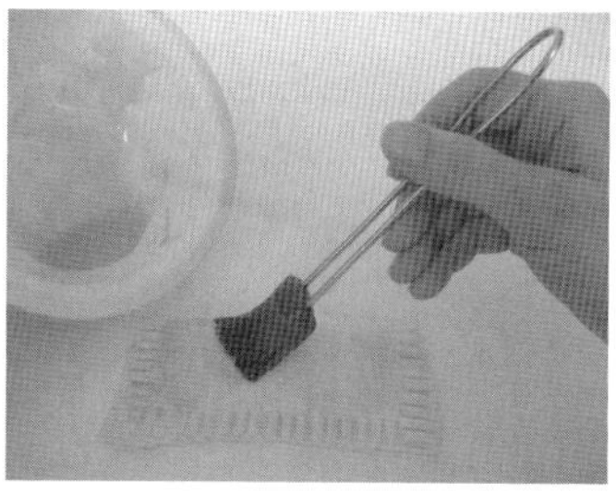

Taschen mit Eigelb bestreichen.

Pizza-Toast-Ecken

Menge	Zutaten	Zubereitung
200 g	Salami	1. Paprika und Salami in feine Würfel schneiden.
1	Paprika	2. Alle Zutaten der Füllung miteinander vermengen.
½ B.	Crème fraîche	3. Toastbrote mit Füllung bestreichen.
100 g	Käse, gerieben	4. Toastbrote im Backofen 15–20 Min. überbacken.
1 TL	Pizzagewürz	
4–6 Sch.	Toastbrot	5. Toastbrote diagonal vierteln und auf einer Platte anrichten.

Rezeptblatt

Name: ____________________

Wir stellen vegetarisches Fingerfood her

Mit einem Biss ist es im Mund!

Gefüllte Tomaten

Menge	Zutaten	Zubereitung
4–6	kleine Tomaten	1. Tomaten halbieren und mit einem Löffel aushöhlen.
200 g	Frischkäse	2. Tomateninneres zerkleinern, mit Käse und Kräutern verrühren.
½ Bd.	Petersilie	
½ Bd.	Schnittlauch	3. Tomaten füllen.
1 Pr.	Salz, Pfeffer	
4–6	Oliven	4. Tomaten auf einer Platte anrichten und mit einer Olive garnieren.

Tomaten-Mozzarella-Spieße

Menge	Zutaten	Zubereitung
1 P.	Mozzarellabällchen	1. Mozzarella abtropfen lassen.
1 Schale	Cocktailtomaten	2. Spieße stecken:
mehrere	Basilikumblätter	• Tomate
	Tomaten-Mozzarella-Salz	• Basilikumblatt • Mozzarella
	Zahnstocher	3. Spieße würzen und auf einer Platte anrichten.

Wraps mit Paprika-Schafskäse-Füllung

Menge	Zutaten	Zubereitung
2	Paprika	1. Paprika halbieren, Strunk entfernen, in feine Würfel schneiden.
4–6	Cocktailtomaten	2. Tomaten waschen, vierteln.
100 g	Schafskäse	3. Schafskäse in feine Würfel schneiden.
1 EL	Petersilie	4. Petersilie waschen, zupfen und fein wiegen.
250 g	Kräuterquark	5. Gemüse mit der Hälfte des Kräuterquarks vermischen und würzen.
1 Pr.	Salz, Pfeffer	6. Wraps mit Kräuterquark bestreichen, füllen, rollen und schräg halbieren.
4–6	Wraps	

Wraps herstellen

Wrap füllen.

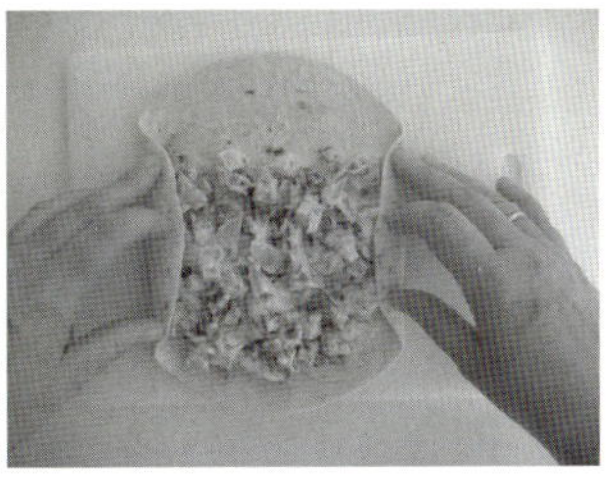
Wrap einschlagen.

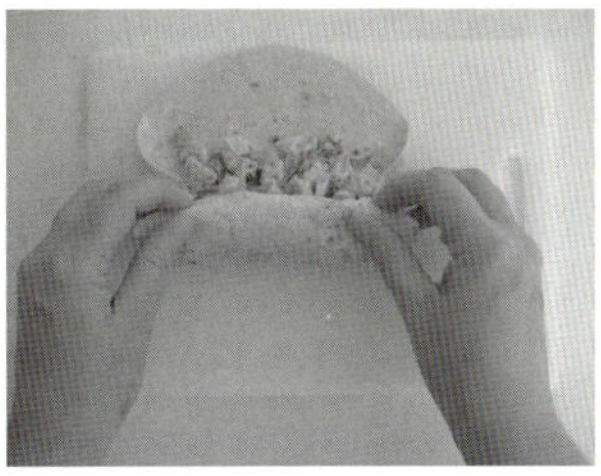
Wrap wickeln.

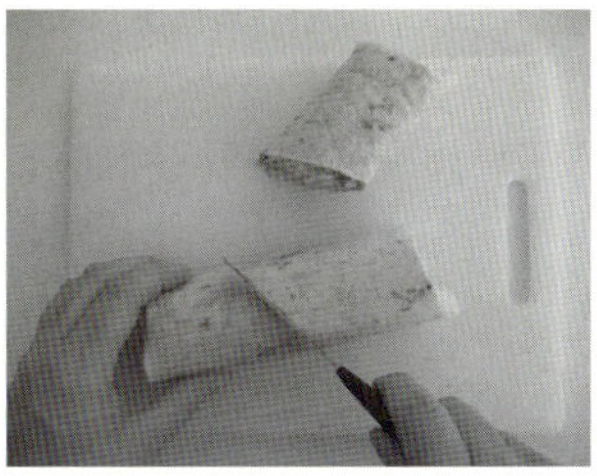
Wrap halbieren.

Rezeptblatt

Name: ____________

Wir braten Fingerfood in der Pfanne

Mit einem Biss ist es weg!

Zucchini-Putenbrust-Röllchen

Menge	Zutaten	Zubereitung
1 100 g 50 g 1–2 EL	Zucchini Putenbrustwurst Schafskäse Zahnstocher Öl	1. Feine Zucchinischeiben mit dem Sparschäler der Länge nach abziehen. 2. Schafskäse in Würfel schneiden (ca. 1 cm). 3. Zucchinischeibe mit Wurst und Käsewürfel belegen und rollen. 4. Mit einem Zahnstocher feststecken. 5. Öl erhitzen und Röllchen kurz anbraten.

Hackbällchen-Spieße

Menge	Zutaten	Zubereitung
500 g 1 ½ Bd. 1 1 TL 1 TL 1 Pr. 2–3 EL	Hackfleisch Zwiebel Petersilie Ei Paprika scharfer Senf Salz, Pfeffer Öl Zahnstocher	1. Zwiebel in feine Würfel schneiden. 2. Petersilie fein wiegen. 3. Alle Zutaten zu einem feinen Fleischteig verarbeiten. 4. Öl erhitzen. 5. Mit nassen Händen kleine Bällchen formen und in der Pfanne portionsweise braten. 6. Zahnstocher in die Mitte stechen, auf Platte anrichten.

Haferbrätlinge

Menge	Zutaten	Zubereitung
1 1 EL 200 g 1 EL 1 TL 1 Pr. 350 ml 1 1 ½ 100 g 2–3 EL	Zwiebel Öl Haferflocken Curry Paprika Salz, Pfeffer Brühe Ei Karotte Zucchini Käse, gerieben Öl	1. Zwiebel in feine Würfel schneiden. 2. Öl erhitzen, Zwiebel andünsten. 3. Haferflocken und Gewürze zugeben und rösten. 4. Mit Brühe ablöschen, ca. 10 Minuten quellen lassen. 5. Karotte und Zucchini schälen und raspeln. 6. Gemüse, Ei und Käse zur Hafermasse geben und gut vermischen. 7. Brätlinge formen und in Öl auf beiden Seiten braten.

Name:	Klasse:	Datum:	Fach:	Nr.:

Kennst du diese Kräuter?

Ergänze die Namen neben den Fotos!

Dill | Basilikum | Zitronenmelisse | Liebstöckel | Kresse | Thymian

Schnittlauch | Salbei | Rosmarin | Majoran | Petersilie | Bohnenkraut

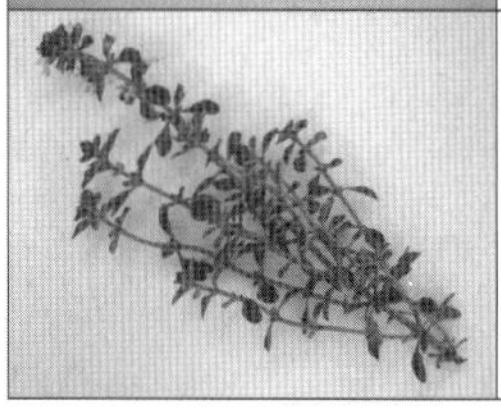